JN441305

문학사랑 시인선 52

오늘의문학사

천안 흥타령

김명배 詩
정태준 作曲

♩. = 50 굿거리 장단으로

mf *f*

갈 때 - - - - 가더 - 라 - 도 - - -
갈 때 - - - - 가더 - 라 - 도 - - -
갈때 - - - - 가더 - 라 - 도 - - -

mf

사나 흘 - 머 물다 - 가 - 시 게 - - -
기약 을 - 하 - 고 - 떠 나시 게 - - -
서너 - - 순 - 배 - 들 다가시 게 - - -

mp

버 들 가 지 흔 들 리 는 어 릿 어 릿 오 솔 길 - 따 라
북 - 으 로 오 르는 길 영 남 호 남 내 리는 - 길 에
목 - 천 면 우 - 리 집 어 머 니 - 빚 으신 - 술향기

mf

거 문 산 산 새 가 부 르 - 거 든 난 줄 알 고 - 오 - 시 게
하 늘 - 아 래 - 편 안한 마을이 생 각 나 면 - 또 오 시 게
봄 이 라 익어가 는 두 견 - - 주 여 름 가 을 - 청 - 명 주

f

등평 리 - 우 리 집 - 사 랑 방 이 비 어 있 지
태조 산 - 광 덕 산 - 푸 른 산 빛 여 일 하 지
한 - 잔 또 한 잔 들 다 가 - 그 냥 눌 러 사 - 시 게

mf

천 안 삼 거 리 흐 - - 응 흥 능 수 버 들 이 - 휘 - - - 휘

천안 흥타령

김명배 시선집

서시(序詩)

천안 홍타령

1.
갈 때 가더라도
사나흘 머물다 가시게.

버들가지 흔들리는
어릿어릿 오솔길 따라

거문산 산새가 부르거든
난 줄 알고 오시게.

동평리 우리 집
사랑방이 비어 있지.

천안 삼거리 흐응 홍
능수버들이 휘이 휘

2.
갈 때 가더라도
기약을 하고 떠나시게.

북으로 오르는 길
영남호남 내리는 길에

하늘 아래 편안한 마을이
생각나면 또 오시게.

태조산 광덕산
푸른 산빛 여일하지.

천안 삼거리 흐응 홍
능수버들이 휘이 휘

3.
갈 때 가더라도
서너 순배 들다 가시게

목천면 우리 집
어머니 빚으신 술 향기

봄이라 익어가는 두견주
여름 가을 청명주

한 잔 또 한 잔 들다가
그냥 눌러 사시게.

천안 삼거리 흐응 홍
능수버들이 휘이 휘

차 례

차 례

2부 동평리 서정

3부 목천 여우고개

4부 화두를 놓다

5부 할머니의 초당

1부

천안 삼거리

천안 삼거리

보시게,
같이 가시게나.
인생은
질러가도 삼십 리,
돌아가도 삼십 리.
목천(木川)에서 출발하면
천안(天安)쯤 되겠네.
보시게,
같이 가시게나.
천안(天安) 삼거리,
버들 육거리.
바람이 부시네,
버들비가 오시네.

삼거리 버들
— 삼거리운(三巨里韻)·1

어디로 가나
내 길,
천안(天安) 삼거리(三巨里)
버들
하늘로만 오르라는
팔자(八字)가
서러워서 치렁치렁
늘어진
저항(抵抗).
한 사흘 비나 내려야지
주저앉아 버리게
주저앉아
여기서
살아 버리게.

가는 길
– 삼거리운(三巨里韻)·2

서울로만 가네,
바람도 가고
구름도 가고,
서울로만 가네.
팔자(八字)에 있었나 보지.
새 길로 해서
혼자도 가고
둘이도 가고,
서울로만 가네.
여게, 여게
부르는 소리
어디서 들리나
어느 길에서
들리나.

장승
– 삼거리운(三巨里韻)·3

영남(嶺南)길
호남(湖南)길
돌아보네.
천안(天安) 삼거리(三巨里)
장승이 서서
두 눈 청청한
하늘만 보네.
섭섭해서
섭섭해서
돌아선 버들,
한 닷새
바람이나 불어야지,
마음
엉켜서
꼼짝 못하게.

문 열어 놓고
— 삼거리운(三巨里韻)·4

마음이 솔깃해도
몸만 비틀고,
이 동네 저 동네
바람을 잡아서
무지개를 잠깐 보고 돌아선
버들,
문(門) 열어 놓고
활짝 열어 놓고.

눈물 같은 비
— 삼거리운(三巨里韻)·5

이 길로 갔다가 돌아와서
저 길로 갔다가 돌아와서
또
딴 길로 간 사람은
누구일까.
나 말고
대대(代代)로 물만 먹고 살다가
중심(中心)을 잃은 이는
누구일까.
방향(方向)을 잃은 이는
누구일까.
철철이
눈물 같은
비가 된다.

단오날 그네

— 삼거리운(三巨里韻)·6

단오날
차올린
할미와
어미의
슬픔이
보인다.
치마끝
맴도는
하늘에
삼거리(三巨里)
원색(原色)의
슬픔이
보인다.
그네야.

까치소리
— 삼거리운(三巨里韻)·7

까치소리 때문에
기다리다가
어느 길로 올까,
기다리다가
하루종일
넘치게 넘치게
기다리다가
송학(松鶴)도
떠나 버렸나,
떠나 버렸나.

삼거리 바람
– 삼거리운(三巨里韻)·8

한 갈래
두 갈래
세 갈래의
한숨처럼 물러선
천안(天安) 삼거리(三巨里),
어디로 오나
아비의 길인 걸
운수가 사나워서
못 오는가.
교활한 바람이
나를
흔들고 있다,
흔들고 있다.

이빠진산* · 1

내 말을 그냥
가만히 들어만 주는
친구 어디 없을까.

나도 그의 말을
그냥 가만히 듣기만 하는
친구가 되고,

이빠진산
두 봉우리
그리 살고 있네.

친구야,
마을앞 장승이 된
소학교 때 친구야.

사람이 그립다.

* 이빠진산 : 해발 320.5미터. 경암산(警巖山), 취암산(鷲岩山), 치함산(齒陷山)으로 부름. 천안(天安) 목천면계(木川面界)에 있는 산. 고장 사람들은 이빠진산이라고 부름.

이빠진산 · 2

나는 내 자리에
언제나 그대로 있을 뿐인데…….
비 오고 눈이 오고
바람이 불어서
세상이 변하네.
새가 우는 밤엔
어디 있느냐, 너는.
때때로 내 곁, 네 자리가
비어 있네.
그럴 땐 내가 네 곁,
내 자리에 있을 뿐인데…….
꽃피고 잎이 지고
구름이 가려서
세상이 변하네.
이빠진산 두 봉우리
금줄 동여매고
그냥 그렇게 있을 뿐인데…….
누구와 이별하고 있는가,
둘이 있어도 허전한 세상.
우리는 언제나 그렇게
세월일 뿐인데…….

천안역에서 · 1
— 분신(分身)

비닐봉지가
흩날리고 있었다,
허깨비처럼.

타이어도 없는
기차는 수시로 떠나고,

나는
무수한 나를
전송하고 있었다.

허깨비처럼
흩날리는 나의 분신들.

역 광장에는
구름이 내리고
바람이 내리고,

뒤돌아서서
뒤돌아서서

돌아온 모든 나를
날려 보내고 있었다,
허깨비처럼.

천안역에서 · 2

찢어진 깃발이 손을 흔들고 있었다.
쓸 만도 하고 못쓸 만도 한 여인(女人)이
마이크를 잡고 노래하고,
그 여인(女人)에게 소속된 한 계집애가
내버린 공상(空想) 하나를 가지고 놀고 있었다.
자선냄비의 종소리가 얼어 떨어졌다.
바람은 세상 사는 법을 가르치고,
적당히 굽히고 적당히 흔들리며
신사 숙녀들이 구두발로 밟고 지나갔다.
차(車)가 가고 사람이 서고, 사람이 가고 차가(車) 서는
로타리의 생리가
붉은 눈과 푸른 눈을 반복하고 있었다.
역광장에 모인 만인(萬人)의 길,
누가 보내고 누가 떠나도 돌아서서 가는 길.
찢어진 깃발이 손을 흔들고 있었다.
한 떼의 구름이 너무 높은 데서
한 주제를 굴리고 지나갔다.

오늘은 천안역에서

처마밑에 제비집
올해도 비어 있네요.
지금쯤, 아기 패랭이 꽃
그 자리에 피어 있겠네요.
검정 고무신 신어보고 싶네요.
하늘이 하도 개운해서
풀뿌리까지 진저리치는
장마 뒤의 산과 들,
코스모스 잘못 알고 또
그 자리에 피어 있겠네요.
구구단 외워보고 싶네요.
돌아오는 것도 있고
돌아오지 않는 것도 있고.
무슨 말을 할까요, 오늘은
제비 한 쌍
날 듯도 한데
천안역에서 하행선
완행열차를 타보고 싶네요.

미륵바위

검새울 미륵바위는 까까머리이십니다.

어느 날 갑자기 머리를 박박 미시고
웃음을 흘리고 다니시던 아버지가
조금은 낯설고 씁쓸해 보였지만
그 머리에 갓을 쓰고 다니시는 아버지가
나는 부끄럽지 않았습니다.

애들도 조금은 낯설고 씁쓸할 겁니다.
피부과 전문의의 권유로
이발기로 5푼 수염을 깎는 나를 보고
애들은 보기 민망한 모양입니다만
뭐, 부끄럽기까지야 하겠습니까.

검새울 미륵바위는 수염이 없으십니다.

* 검새울 미륵바위 : 충남 천안시 소재의 바위

태조산행(太祖山行)

태조산에서 만난
다람쥐 한 마리

지팡이를 짚고 숲속을 오르네

이제는 하늘 가까이
살아서 하늘 가까이

여기다 싶은 자리
한 자리 없을까

오래오래 누워서 잠이나 자고 싶다

그렇지 하늘 가까이
살아서 하늘 가까이

* 태조산 : 충남 천안시 동남구 목천읍 덕전리

거문산*

삼일절도 아닌데
머리띠 동이셨다

느이덜이 주인인겨
사랑혀 미안혀

거문산 걱정 크시다
대한국민 만만세

* 거문산(黑城山) : 충남 천안시 목천 소재의 산.
* 시조

백운산

니 마음 니가 알지
내가 아니 소쩍새야.

어디다 두고 와서 내게 달라 보채는가.

백운산*
회춘하셨다.
거기 가서 물어보렴

* 백운산 : 천안시 동남구 목천읍 운전리 소재의 산.
* 시조

세성산 북벽에
— 허튼소리

세성산* 북벽 거기 어디에 조선시대 소리가 살고 있습니다. 혼자서는 울지도 못하는 피리입니다. 비가 오고 개인 날이거나 눈이 내리고 청청한 날에 목이 긴 소녀가 찾아와서 그 피리를 붑니다. 곡조는 알 수 없지만 지 엄니 소싯적 가락이 저런 것 아니었을까 하고 사람들은 듣습니다. 먼 훗날에도 그 곡조 들었으면 싶습니다. 눈 감고 귀 막으면 혹시 들리는 그 피리소리, 언제나 한쪽 코가 막힌 소리입니다. 세성산 북벽에 파랑새 언제 돌아올까요? 돌아와서 그 피리 막힌 코 뚫어줄까요? 개이고 청청한 날에 그 소녀의 피리소리 들리십니까? 조선시대 소리 들리십니까? 지 엄니 소싯적 가락이 저런 것 아니었을까 하고 사람들은 듣습니다.

* 세성산(細城山) : 천안시 동남구 성남면 동북 면계에 있는 산. 동학군 최후의 집결지 가운데 하나인 산.

강관옥의 그림

어느날 갑자기 꿈속에 찾아와서
그림 한 폭 그려 놓고
네 부처님, 네 예수님 소리를
연발하는 자는 누구인가.
왜, 해와 달을 함께 그려 놓았을까.
왜, 청록색 게 두 마리를 그려 놓았을까.
반은 그가 미쳤고
반은 그림이 미쳤고
그래서 완전히 미쳐 버린 세상,
그 속에 들어가 있는 자는 누구인가.
또 어느 날 갑자기 개구리를 타고
그림 밖으로 뛰쳐 나와서
폴딱폴딱 자리를 옮겨가며
별들을 희롱하는 자는 누구인가.
어쩌다 눈이 마주치면 언제나
네 선생님, 네 선생님 소리를
연발하는 자는 누구인가.

* 강관옥 : 천안 출생의 서양화가. 강관옥 화백의 그림 '소리'를 김명배 시인의 부인 이진학 여사가 천안 소재 백석대학에 기증하여 감사패를 받음(2016. 8. 25)

호접
— 부용묘에서

몇 잠이나 자시는가?
그만 일어나시게.

바람도 구름도 풀꽃 되는 세상일세.

나일세.
날 모르시나?
시객 호접 아닌가.

* 부용묘 : 천안 광덕사에서 1km 상부에 있음.
* 시조

2부
동평리 서정

향요(鄕謠) · 1

아이들은 다 어디 갔나.
동평리*,
뒷동산은 어디 갔나.
뒤돌아보며, 뒤돌이보며,
넘어가는 해의 눈빛 속에
저 그늘은 어쩌랴.
천안으로 가는
천안으로 해서 서울로 가는
오솔길은 어디 갔나.
나랑 같이 놀던
당집 계집애
당집 귀신은 다 어디 갔나.

* 동평리 : 충남 천안시 동남구 목천면 소재. 김명배 시인이 출생하고 성장한 마을.

향요(鄕謠) · 2

푸닥거리가 잦을 때는
밤마다 하나 둘씩
돌무덤이 늘어났다.
어째서 구름이 달을 가리는지
당집 귀신도 몰랐다.
알 속에 들어가 꿩으로 산새로
다시 태어나고,
더러는 구렁이로 태어나고.
뒷산이 우는 걸 들은 적은 없지만
돌무덤밭에 알은
아무도 줍지 않았다.
동평리 뒷산,
어째서 구름이 해를 가리는지
당집 귀신도 몰랐다.

향요(鄕謠) · 3

그 계집애하고 술래잡기를 하면
난 언제나 술래였다.
치마 속에 들어가 숨어 있거나
책 속에 들어가 숨어 있거나
난 제일 먼저 잡혀서
술래가 되었다.
눈을 가리고
손가락 사이로 세상을 훔쳐보면서
「원숭이똥구녁은빠알개」
「원숭이똥구녁은빠알개」
다른 아이들은 다 찾았지만
5, 60년 반칙을 하면서 찾아도
끝내 못 찾은 당집 계집아이,
동평리 바람이 되어서 지금도
내 눈 밖을 떠돌고 있다.

향요(鄕謠) · 4

구장님, 구구장님은
조선사람이었다.
대낮에도 별을 보는
순 조선사람이었다.
속이 허해서 거짓말도 못하고
흙을 물어다가 집을 짓는
홍부네 제비만
믿고 살았다.
밤별보다 더 가까이
대낮에도 별을 보는
동평리 순 조선사람들,
구장님, 구구장님도
홍부전 속의 구경꾼으로
그냥 그렇게 살았다.

향요(鄕謠) · 5

아이들 것 보다 작은
밥그릇을 가지고
앉아 있는 노파.

이 세상 모든 것
다 임자가 있다는데
푸른 하늘, 푸른 산
얻어보며 살았네.
새소리 물소리
얻어 듣고 살았네.
공짜로 살았으니, 이제
도로 가져 가려거든
날 데려가시게,
날 데려가시게.

아이들 것보다 작은
영혼을 가지고
앉아 있는 노파.

향요(鄕謠) · 6

새옷 입고
여기, 돌아와 서니
친구 생각난다.
까마귀떼
훠어이 훠어이
까까머리 친구들,
빨랫줄에 걸린
저 옷들, 지금도
허리 한번, 어깨 한번
펴 보지 못하고.

향요(鄕謠) · 7

목천천(木川川)에 얼굴 씻고
까치발로
몰래 왔다 몰래 가는
초승달을
못 보셨는가.
마음이 떠나 버리면
몸도 떠나 버리는 것,
동네 귀신
나막신 거꾸로 신고
밤길을
몰래 갔다 몰래 오는 걸
못 보셨는가.
소쩍새 소리만 더
구슬프더라.

향요(鄉謠)・8

쌍무지개 뿌리내린 곳이
여기쯤이었던가.
흑두루미 춤추던 곳이
여기쯤이었던가.
얘야 얘야,
니 왕고모 어디 가셨니,
니 종조모 어디 가셨니.
마음을 앞세워 찾아온
고향이지만,
내 뼈 묻어둔 곳 못 찾겠네,
내 맘 묻어둔 곳 못 찾겠네.

향요(鄕謠) · 9

외삼촌이 사다 주신
눈깔사탕 두 개,
하나는 내가 먹고
하나는 엉아 수고.
입에 든 눈깔사탕이
다 녹을 때까지는
나는, 나는 울지 않았지.

어느 날,
외삼촌이 사다 주신
눈깔사탕 세 개,
하나는 내가 먹고
하나는 엉아 주고,
다른 하나를 어쩔 수가 없어서
눈깔사탕 입에 물고
나는, 나는 울어 버렸지.
매미하고 같이 울어 버렸지.

향요(鄕謠) · 10

저 아이의 딸꾹질을 멎게 하는 방법은
저 아이의 옆구리를 간지르는 일이다.

저 아이의 옆구리를 간지르는 방법은
저 아이의 친구가 되는 일이다.

저 아이의 친구가 되는 방법은
저 아이의 손을 잡는 일이다.

가만가만 다가가서 슬쩍 잡으려 하면
어느새 날아가 버리는 고추잠자리,

고추잠자리보다 친하기 어려운
저 아이의 할아비는 누굴까, 누굴까?

향요(鄕謠) · 11

물 한 사발 마시고
땅을 보면서
아버님 말씀대로 살았습니다.

두 눈 꼭 감고
하늘을 보면서
선생님 말씀대로 살았습니다.

그러나, 야단났네,
야단났네요.
호박잎에 앉아 계신
아버님,
선생님.

향요(鄕謠) · 12

송아지 몇 마리와
강아지 몇 마리가
함께 놀고 있다.
온 세상이 평화롭다.
여기가 어디쯤일까,
텅 빈 마을 풍경 속에
개울을 그려 넣고
개울둑을 그려 넣고,
강아지 몇 마리와
송아지 몇 마리가
하루 종일 놀고 있다.

향요(鄕謠) · 13

흑성산 북바람
저승 바람이더라.
멱살 잡고 흔들 땐
저승이 뵈더라.
흑성산 북바람
도깨비 바람이더라.
도깨비를 만나는 날엔
날짜를 받아 오더라.
그래도 북바람
마파람만 못하더라.
여우고개 마파람
웃음 바람이더라.
세상에서 제일 센 건
웃음 바람이더라.

향요(鄕謠) · 14

학이 왜, 목을 빼고
서 있는지
너는 아니, 이 바보야.
굴렁쇠를 굴리며
푸른 세월 속으로 달려간
아이들이
세상, 저 멀리에 두고
돌아와도
정말, 여기가 어딘지
너는 아니, 이 바보야.
눈물 한 방울
소리 한 마디로밖에
풀 수 없는 인생.
학이 왜, 알을 낳고
새끼를 키우는지
너는 아니, 이 바보야.

향요(鄕謠) · 15

돌밭의 물새알
눈밝은 사람에게나
보일 것 같아도

푸섶의 개똥참외
재수있는 사람에게나
보일 것 같아도

생각보다 어렵지 않더라.
눈감고 있으면,
다 보이더라.

흑성산 산삼도 오래 오래
눈만 감고 있으면, 다
보인다더라.

향요(鄕謠) · 16

소쩍새는 밤새도록
"아니 아니 아니야"라고
울고 있지만…….

돌아오면 고향은
서러운 곳.

색동옷 갈아입고 춤이나 출까,
무릎 꿇고 고개 숙이고 벌이나 설까.

소쩍새는 밤새도록
"아니 아니 아니야"라고
울고 있지만…….

향요(鄕謠) · 17

고향에 돌아온 날부터 아내는
밥도 안 먹고 잠만 잔다.
자다가 죽기로 작정했는지
약도 안 먹고 잠만 잔다.
지독한 불면증으로 고생하는
사람이었는데,
친정에 가서도 못 고치고 온
고질병이었는데,
고향에 돌아온 날부터 아내는
죽어라고 잠만 잔다.
남자와 여자가 이렇게 다를까.
나는 잠 못 자고
저 사람은 잠만 자고.

향요(鄕謠) · 18

내가 알아보지 못하니
누가 날 알아볼까.
이 무심한 사람아.
개가 짖으면, 이제 그만
타관사람이 아닌가.
번지를 물어볼
허수아비도 없는 들판,
두 팔 뻗고, 한 발 들고
벌이나 설까.
고개를 갸웃거리는 중생은
혹 있을지도 모르지.
당기는 게 있어도, 이제 그만
타관사람이 아닌가.
이 무심한 사람아.

여우 고개

옛날 옛날에 한 사내가 여우고개를 넘다가 예쁜 여우각시 만나 업고 와서 한 사흘 밤낮으로 뜨겁게 살고는 여우각시 따라 여우고개로 들어가 버렸다는데,

그런 일이 한 두 번이 아니라는데,

만약에 내가 사흘밖에 못 산다 하면 여우고개 넘어서 여우각시 업고 와 그 사흘 밤낮 뜨겁게 사랑하다가 훌쩍 떠나 버릴 수 있을까.

수술해야 두 달이라는 의사의 선고를 받고도 수술하고 10년을 넘어 살았으니, 이제라도 여우고개 한 번 넘어보라고 아내가 농을 거네.

저도 눈이 있지, 70이 넘은 나를 홀릴 리야 있겠느냐마는 혹시라도 여우각시 보게 되면 나도 그것 좀 보자 그것 좀 보자 농이나 던져 보아야겠네.

* 여우 고개 : 김명배 시인의 고향에 있는 고개 이름

광덕사 운

광덕사 계곡물에
발을 담그고
안경을 닦아서 썼더니
안경알에 낮달이 묻어서
하루 종일
구름 위에 있네.

* 광덕사 : 충남 천안시 동남구 광덕면 광덕사길 30

3부

목천 여우고개

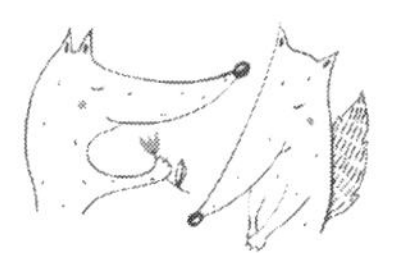

목천(木川)

우전차 한 모금
입에 물고 눈 감으면

그 하늘 그 세월이
산 너머 거기 있네

여기가 거기였던가
산빛 온기 그윽한.

* 목천 : 김명배 시인의 고향.
* 시조

목천(木川)을 지나며

목천천(木川川)의 물새알
어디다 낳아 두었을까?
거문산의 삼신할매
어디다 숨겨 두셨을까?
어디 가야 후일담
들을 수 있을까?
바람은 헤매다 그냥
떠난다.

목천천(木川川)

아우내 장날
새벽,
목천천(木川川)을 건너서
외딴집 과부
꿈 팔러 간다.

목천천(木川川)에 몸을 씻는
아기부처
자갈 틈에 앉아서
왜 웃는가.
왜 웃는가.

향리(鄉里)에서 · 1

새가 날자
벌레 먹은 그늘 밖으로
뚝 떨어지는
그림자.

무릎까지 자란
무성한 빛을 가르며
바람이 되어 간다.

떠나지 못한 것들만 남아서
반추하는
고독(孤獨),

허무(虛無)는 한낮처럼
눈 부시다.

매미소리 끄트머리
꿈속으로
뚝 떨어지는
편지(便紙),

무릎까지 자란
무성한 빛을 가르며
바람이 되어 간다.

향리(鄕里)에서 · 2

울고 있다.
허깨비가 득실거리는
밤의 상자 속에서
울고 있다.

밤새도록 빈 집
굴뚝의 연기는 꺼지지 않고,
두드러기 쓸어내린 몽당비
마을 앞 길목에서
도깨비로 수작을 거는
밤의 상자 속에서
울고 있다.

수 만(數萬) 동이의 눈물이
대대(代代)로 빨아먹던 젖꼭지 속으로
되돌아가고,
가난한 아궁이에 불을 지핀 어머니의
부지깽이, 내가 심은 죽은 나무는
허깨비가 되어서 이제
눈물 한 방울 없는 밤을
울고 있다.

울고 있다.
허깨비가 득실거리는
밤의 상자 속에서
울고 있다.

학춤

— 추억에서

동평리 논배미에 내리는
두루미
열 마리 혹은 열두 마리
겨울 풍경이었다.
그때 그날, 두루미
두 마리 혹은 세 마리
춤을 추기 시작했다.
콩 먹고 콩 주워 먹고
겨울 학춤을 추기 시작했다.
나는 그게 정말 학춤인 줄 알았다.
그때 그날부터 가끔
동평리 논배미에 내리는
두루미
열 마리 혹은 열두 마리,
학춤을 추는
꿈을 꾸었다.
내 어릴 때는
저승도 장관이었다.

까만 달
— 추억에서

소학교 6학년 때, 나는
난생처음 까만 달을 보았다.
대추나무 고목에 산발하고
목을 맨 까만 조각달,
나이에 비해 너무 일찍 나는
저승달을 보았다.
70이 넘어서야 소학교 때
담임선생님이 보고 싶다.
나랑 그렇고 그렇다고 소문난
그 여학생이 보고 싶다.
빨간 달을 보는 것만
죄가 되는 게 아니라
까만 달을 보는 것도
죄가 되는 세상이 있었다.
그래도 그때가 그립다, 나는.

까치소리

검새울* 미륵불은
눈도 귀도 잡수셨다.

머리칼도 안 두시고
수염 또한 안 계시다.

이런 게 업이 아닌가
껄껄 웃고 산다신다.

* 검새울 : 천안의 지명
* 시조

허수아비 지팡이

나막신 한 켤레씩
나눠 신고 살아도

세월이 애까지면
절룩절룩 아니 할까.

치함산* 대감 도깨비
날 흉내 내지 마라.

* 치함산(齒陷山) : 이빠진산.
* 시조

바람아 바람아

놀다 가거라.

오늘은 별 날도 아닌데 엉아야.
동평리(東坪里)

내깔이* 보인다. 내 어린 발 적신
꼬부랑
뒷길 꽃 사이로 풋바람 보인다.

놀다 가거라.

예전엔 내가 널 업었지, 외딴집
계집애.
온종일 숨어 있다 못해 내가 널

「면장(面長)님
부면장(副面長)」 했지, 계집애 바람아.
놀다 가거라.

* 내깔이 : 냇물이의 사투리.

저 산새는
— 친구 생각

산이 되지 못하고 언제까지
산을 보고 또 보고
우짖는가, 저 산새는.
문득문득 솟구쳐 올랐다가
옛 뜰에 내려앉아 잠시
잠깐 침묵하다가
날밤 없이 우짖는다, 저 산새는.
발소리를 죽이고 다가오는
바람아, 가을 겨울아,
쉬었다 가거라. 하룻밤
놀다 가거라. 미운 사람
고운 사람아.
날밤 없이 우짖는다, 저 산새는.
사원의 쇠북은 왜 아니 울리나.
오장육부 투명토록 번뇌하는
달을 보고 또 보고
우짖다, 잠이 드는 서운산*
저 산새는.

* 서운산 : 충남 천안시 입장면과 경기도 안성시 서운면을 마주함.

풍금소리

여우고개 넘어서 황금빛 화폭 속을
리을자로 내달으면 거기가 유년이라
선생님 아니 계실까
갈피 속에 남은 온기

왜 왔나 그때 그 시절 잊고 살자 해 놓고
세월도 유년을 리을자로 굽이쳤네
선생님 아니 계셔도
들려오는 풍금소리

* 여우고개 : 천안시 동남구 목천읍 운전리.
* 2연시조.

무임권

천안역에서 만난 친구 아무개가 내게 전철을 타지 왜 새마을 타고 서울행을 하느냐고 은근히 면박을 주기에 그 말도 맞다 싶어서 전철을 타기로 했다. 무임권을 만지작거리면서 내내 그 친구나 나나 이제 짐짝도 아니구나 하는 생각에 머물러 버렸다. 두 시간이 밀미나게 앉아 왔다. 무임권이라는 고딕활자가 두어 군데 횡렬로 서 있고 그 왼쪽 상단에 우대1이라는 스탬프가 찍힌, 고맙기는 해도 어딘지 찜찜하기는 찜찜한 그 친구 아무개 같은 차표, 그것이 내 몸무게보다 훨씬 무겁게 내 어깨를 짓눌렀다. "그럼 돈 내고 새마을 타!" 하는 그 친구의 볼멘소리가 등 뒤에서 들리는 것 같아서 뒤돌아보며 출구를 찾아 급히 나왔다.

오늘 그 친구의 부음을 받았다.

바람행(行)

새벽에 서둘러 길을 떠나는 바람
나도 바람 뒤를 따라가는 바람이 되다.
아득하다.
바람은 모습도 마음도 드러내지 않는다.
그러므로 나는 오늘 태조산*
소나무로 살까,
세성산* 늙은 참나무로 살까.
망설이는 동안
바람은 나를 두고 떠나 버리다.
내가 화식하는 짐승임을 알아 버리다.

나도 반은 바람이다.
반은 모습 없고 반은 마음 없는
아득한 바람이다.

* 태조산 : 충남 천안시 동남구 목천읍 덕전리
* 세성산(細城山) : 천안시 동남구 성남면 동북 면계에 있는 산. 동학군 최후의 집결지 가운데 하나인 산

바가지

원성2동*에서 살다가
원성1동*으로 이사를 했더니
누가 나를 보고
서울에서 이사 왔느냐고 물으십디다.
왜, 어느 별에서 왔느냐고 물어보시지.
나는 목천산 토종 천안사람입니다.
텅 빈 하늘과 함께 살아서
가슴속까지 허공을 채운 박
톱으로 타고 푹푹 삶아서 말린
진품 바가지
그게 바로 나올시다.
왜, 믿기지 않으십니까?
그럼 한 번 힘껏 밟아보시죠.
아니면, 눈 코 입 그려서 얼굴에 쓰고
웃어보시죠.
하얀 얼굴이 마음에 안 드신다면
미안합니다.

* 원성2동 : 김명배 시인이 살던 곳
* 원성1동 : 현재 김명배 시인의 자택이 있는 곳.

여우고개 환상(幻想) · 1

어둠을 길어 오는
아낙네들의 긴 행렬이
마을로 들어오면
밤이 되었다.

개들이 짖었지만
그대로 밤이었다.

날마다
아낙네들은 제 몫의 밤을
동구 앞 둥구나무에 매달고,

개꿈도 용꿈도
산에
들에
풀꽃으로 피었다.

(엄마야,
허공이 된 화살이
되돌아온다.
엄마야.)

어둠을 길어내는 아낙네들의
긴 행렬 속에서 자라나는 아이들이
근심처럼 먼 빛으로
늘어만 갔다.

여우고개 환상(幻想) · 2

아우내 장날이나 천안 장날보다
전의 장날에는
밤이 늦게 왔다.

아이들은
비탈진 시공의 중간을 달리다가
어둠이 되어 버렸고,

그런 날엔
밤이 더 늦게 왔다.

육체적으로 이미 기다릴 줄 아는
계집아이들,
굴뚝처럼 움츠린 계집아이들이

혹은
반칙을 하는 밤도
그런 날이었다.

(엄마야,
눈물로 사귄 별이
허공이 된다.
엄마야)

어둠을 깁는
아낙네들의 긴 행렬이
여우고개를 넘는 날에는
더 먼 데서
밤이 왔다.

여우고개 환상(幻想) · 3

제 몸보다 무거운 밤의 중량을
견디어낼 수 있기 전에
계집아이들은
어른이 되었다.

여우고개를 넘어가고
넘어오고,

어른이 된 계집아이들이
제 영혼보다 무거운
제 몫의 밤을 감당했을 때,
바람은 길게 고개를 돌리고
겨울이 되었다.

그날부터
방문을 잠그고
제 힘에 부치는 영혼을
매질했다.

(엄마야,
겨울내에 내리는 새들이
그대로 눈이 된다.
눈물이 된다.)

어른이 된 계집아이들은
대개
입으로 아이를 낳고
어둠을 긷는
아낙네가 되었다.

여우고개 환상(幻想) · 4

여우고개
번번이 속는 천기(天氣),
산에서 들에서

빈말이라도
미적지근한 빈말이라도
후끈해서
속 뒤집어 보이고
꽃이 피었다.

고개를 넘어간 신주(神主)가
돌아오지 않는 날은
있어도
그러나, 아낙네들은 결(決)코
돌아왔다.

맨살 속으로 젖어드는
끈적끈적한 가락의 밤을 이고
돌아왔다.

(엄마야,
아침에 까치가 별나게 짖더니
아비가 돌아왔다.
못쓰게 되어서)

어둠을 길어 오는
아낙네들의 긴 행렬(行列)이
마을로 다 들어오면
어김없이 불을 켜고
밤이 되었다.

보리밭
— 종달새에게

손바닥으로 하늘을 가리고
우리 아무 일도 없었노라
말하지 말자.
천 번이고 만 번이고 되물어도
꿈도 꾸지 아니하였노라
이런 말도 하지 말자.
흑성산*에 까만 달이 뜨면
보러오라 하자.
그리고 날이 새면 물어보자.
정말 그거 보았느냐 물어보자.
보았다 그래 보았다
이런 대답이야 하겠느냐.
뒤숭숭하면
그냥 콧노래나 부르자.
손바닥으로 하늘을 가리고
우리 아무 일도 없었노라
이런 말도 하지 말자.

* 흑성산 : 충남 천안시에 있는 산. (독립기념관 주산)

4부

화두를 놓다

대불송(大佛頌)
— 각원사·1

눈을 감으시다.
차마 터지려는 웃음을 참고
침묵하고 계시다.
별이 진다.
풀벌레가 운다.
범종은 왜 소리 죽여
세상을 흐느끼는가.
대불은 다만 밝으시다.
오늘 밤,
하늘에 꽃등 하나 달고
춤 한 판 추시든지
웃음 한 마당 내리시든지
무슨 일이 있으시다.

기대하지 말라, 여기까지다.
대불은 지금,
차마고도를 가고 계시다.
화두 하나 짊어지고 가고 계시다.
웃음이 울음이고 울음이 웃음이고……
바람소리가 들린다.

까치
— 각원사·2

태조산 각원사 노스님을 만나고 돌아온 날 밤 아내는, 밤새도록 아내 땅에 심은 홍옥을 캐다가 내 땅에 옮겨 심고, 나는 또 내 땅에 심은 청옥을 캐다가 아내 땅에 옮겨 심고, 노스님은 그것들을 도로 제자리에 다시 옮겨 심는 꿈을 꾸었다고 잠결에 옹알이더니, 아니나 다를까 새벽부터 까치가 텃밭에 내려와 한바탕 큰 소리로 자지러진다. 그게 뭐 그리 배꼽잡을 일인가. 홍옥 심은데 홍옥 나고 청옥 심은데 청옥 나는 게지.

산새의 울음기도
– 각원사·3

우리 집에 찾아오는 산새는 아침에도 울고 저녁에도 운다. 이 세상 모든 것과 내가 아직 옷이 없었을 때 나는 어떻게 기도했을까? 세상에는 웃음과 울음 두 가지의 기도밖에 없는데 나는 아침에는 웃고 저녁에는 울었을까? 웃음은 너무 어렵다. 우리 집에 찾아오는 산새는 아침에도 울고 저녁에도 운다. 산속에 들어가 눈물로 사람 냄새를 지우고 나면 나도 저렇게 울 수 있을까, 산새의 울음으로 기도하고 싶다.

그 소리
– 각원사·4

산사의 목어
간도 쓸개도 다 빼 버리고
소리 얻었네요.
누가 청해도
그 소리 토하네요.
하늘 위로 또는 물 위로
떠오르지는 않지만,
토해내는 그 소릿방울
공중에 터져서
터져서 나비날개 되네요.
이 세상
산도 바다도 아니요
하늘도 아니라면, 그 소리
어디로 돌아가야 하나요.
나비날개 되어 헤매는
소리 소리 소리
다시 어디서
간과 쓸개와 그런 것

다 주워 달고
나뭇속에 들어가
목어의 꿈이 될까요.

단풍잎

― 각원사·5

해우소 문을 나오는데 기다렸다는 듯이 달려와 안기는 단풍잎 하나, 이 황홀함, 이것도 이별이구나. 처음부터 아무것도 아니었으므로 이별은 다만 공이요 색인데 하늘은 몰라도 바다까지 왜 얼굴을 붉히는가, 해우소 지붕도 얼굴 빨개졌다. 지는 단풍잎과 노을이 만나는 것처럼 뜨거운 것 또 어디 있을까. 세상엔 노을의 가슴에 머리 박고 절망하고 싶은 단풍잎 같은 짐승이 있다.

공염불

— 각원사·6

법당에 들어서니 어디서 팔뚝 하나 쑥 나와서 내 손을 잡고 공중에 대롱대롱 매달아 놓습니다. 얼떨결에 나도 그의 손을 잡았지만 머지 않아 나는 그의 손을 놓고 맙니다. 내가 그의 손을 놓았다는 걸 알게 되면, 그도 나의 손을 놓아 버리지 않을까요. 그렇게 되면 나는 바닥에 떨어져 즉사하고 말 것이 뻔합니다. 그래서 나는 온 힘을 다해 잡았다 놓았다를 반복하고 있습니다. 빌 공, 그 한 말씀 만나기가 이렇게 어렵습니다. 공중에 매달려 있는 내 현기증 때문에 나는 연신 경배하고 있습니다. 다람쥐가 들어왔다가 어느 구석에 앉아서 입을 가리고 웃고 있을지도 모릅니다.

노불송(老佛頌)
— 각원사·7

아무도 가까이 오지 말라.
먼 하늘에 마른번개 치고
석불의 눈언저리에 경련이 인다.
열반하신다 말하지 말라.
아직은 고뇌중이시다.
누가 함부로 완성을 꾀한다 말하는가.
인연은 영원히 진행 중이시다.
하늘이 얼마만큼 하늘이고
석불이 또한 얼마만큼 석불인가.
잠시 몸을 의탁하셨다.
아무것도 아니라고 말하지 말라.
있는 것도 없고 없는 것도 없다.
이런 말도 하지 말라.
먼 하늘에 마른번개 치고
석불의 눈 언저리에 경련이 인다.
누가 돌이라고 말하는가.
머릿속에 천둥소리 잠이 있다.
아무도 가까이 오지 말라.
아직은 고뇌중이시다.

내버려 두어야지

— 각원사·8

나는 어디에 있는가.
산 입구에까지 내려와서
대웅전 앞뜰에 세워놓고 온
그 사람이 생각났네.
산사에 찾아오는 밤하늘이야
언제나 내게
눈물 가득한 과거이지만,
오늘밤, 나는 거기
고로쇠나무 잎으로 편히 누워서
오래오래 잠들었으면 좋겠네.
그러면 생각날지도 모르지.
그때 그 밤하늘에 던져버린
돌멩이는 어디 있을까.
바람으로 흩어져 버렸는가.
돌멩이와 나와
밤하늘에 지는 고로쇠나무 잎의
눈이 생각나지 않네.
그 사람 그런 눈을 하고
지름길로 해서

나보다 먼저 집에 와 있을지도
모르겠네.
내버려 두어야지, 이제는
그 사람 그렇게 혼자 살게
내버려 두어야겠네.

마애불
— 성불사·1

하늘이 찾아와서
눈도 찌르고 이도 뽑아 가서
멍청바위
딴 모습으로 태어나기 전에
오던 길 되돌아가고 있네.
세상에 얼굴 한 번 내밀지 못하고,
바위 속에 갇혀 살다가
돌덩이로 돌아가고 있네.
돌아가는 길 온 길만큼 험한데
친구가 있으면, 가는 길도 길이지.
성불사 마애불
눈도 멀고 코도 삐뚤고
스스로 미륵의 인연을 끊고서
바위로 돌아가고 계시니
그 길, 동행함이 어떨까.
풍경소리
소멸되는 귀로의 노을,
나도 함께 갔으면 좋겠네.
하늘이 찾아와서

내 눈 가리고 내 귀 막고
너도 바위 너도
멍청바위라 하네.

* 성불사 : 충남 천안시 동남구 목천읍 지산리 113

풍경소리
– 성불사·2

바람 나왔다.
천둥 나와라.
성불사 미륵바위
말이 없네.
나는 왜
일곱 살 철부지가 되지 못할까
구름아 놀자,
아기 부처야 놀자.
풍경소리
하루 종일 보채고 있네.
어쩌나, 산 속으로 울러 온 나
바위 속의 미륵보살
불러낼 수 없어서
풍경소리로 운다,
개개비소리로 운다.
바람 나왔다.
천둥 나와라.

어린 고추잠자리

— 성불사·3

마애불이 웃는다.
등 뒤에서 웃는다.
돌아서서 바라보면 그대로 멈추고
뒤돌아서면 다시 웃는다.
느닷없이 돌아서서 내가 웃는다.
마애불이 흠칫 놀라 그대로 멈추고
돌아서면 다시 웃는다.
몸도 마음도 다 두고 가라고
장난을 거는가, 아니다.
잠시라도 이렇게 집착을 버리면
나도 동자승이다.
어린 고추잠자리가
이 놀이를 따라 하고 있다.
마애불이 웃는다.
몸도 마음도 두고 가지 말라고
장난을 거는가, 아니다.

아닌 것도 아니다.

종달새
– 성불사·4

꼬마스님
동자스님
어디어디 계시나.

꼬마스님
아기스님
거기거기 계시나.

출가한 종달새
하루 종일
공염불만 외고 있네.

묵상(默想)
– 성불사·5

산을
바라보고 있으면
산이 될까.

산속에
들어가 있으면
산이 될까.

큰스님 말씀대로라면
틀림없다.

눈감고 있으면
산이 된다.
산이 된다.

나무는 산으로 가고
— 성불사·6

꽃은 산으로 가고
벌 나비도 산으로 가고
산이 되는 일 어디 쉬운 일인가?
가슴 조이지 말자
오늘 아니면
내일은 산이 되겠지
나무는 산으로 가고
새들도 산으로 가고
산에 올라가 위를 보라.
산속의 산을 보고
말을 잃는다.
언제 산이 산이 될까
오늘은 산이 될까
산이 되는 일 어디 쉬운 일인가?
스님은 산으로 가고
노을도 산으로 가고

쪽잠
– 성불사·7

법당에서 자는 쪽잠
참 달다.
고운 새댁 훔쳐보는 스님보다
재미있다.
독경도 달고 법문도 달고
매미소리는 더 달다
법당에서 코고는 재미
모르는 척 눈을 감는다.
어머니 다니시던 절에 와서
법당에서 자는 쪽잠
참 달다.
어머니 뵙는 방법
그것밖에 없다.

꽃이

— 성불사·8

이 청청한 날에
나는 있느냐?
꽃이 그대로 꽃이 아닐세.
하늘을 건너오는
아기부처의 발자욱소리,
절룩거리지만 않는다면, 초원에서
달게 달게 잠을 자겠네.
몸뚱이 밖으로 꿈이 돋아나고
피어나서 또 한세상
살고, 한세상 또 살고.
나는 있느냐?
그때, 그 청청한 날에
그리워 네가 그리워서
꽃이, 그대로 꽃이 되겠네.

목탁
– 성불사·9

몸뚱이 속으로
아무 때나 들어왔다가
아무 때나 나가는
구름 한 조각,
버리고 살아야만
소리를 얻을 수 있을까?
구름의 영혼은 고독한 것
무심한 것,
득음한 나무 한 도막
지그시 눈을 감고
사바세계에 몸을
맡기셨다.
침묵도 환하시다.

염주알
– 성불사·10

백팔염주 끊어져
곳곳에 흩어지네.
그릇에 주워 담아 머리맡에 두었네.
무엇이 저들 몸인가
생각하다 잠이 들고

명주실이 몸이런가
저 그릇이 몸이런가
아니면 염주알 알알이 다 몸인가?
몸이라 마음 묶어둔
인연이여 짝이여.

동자승
— 성불사·11

스님도 없으시고
부처님도 안 계시고

성불사 풍경소리
가랑비에 젖고 있네.

나 말고 어디 동자승
숨어 있을 법한데

객보고 어쩌면
주인 행세 하라시나

동자승 그만 나와
상면이나 해 주시지

만상이 다 주인인가
다 주인 아니신가.

* 2연시조

성황당운(城隍堂韻)

가슴을 쓸어도 쓸어도
마음이 추(醜)해지는 밤.
왼발 세 번 굴러라,
물 한 모금 얻어먹고
눈 한 번 감아 주고.

긴 긴 밤을 흐느껴서
산(山)보다 더 큰
캄캄한 눈 하나 배어 버리고,
어떤 성(姓)을 피 붙일래.
밥 한 술 얻어먹고
자식 하나 낳아 주고.

계집아, 계집아,
밤이야 정면(正面)으로 보는 건가.
옆에서 보면
사뭇 꽃이다
성황당(城隍堂) 무당 꽃나무다.

진 샅을 여며도 여며도
마음이 추(醜)해지는 밤.
침 세 번 뱉아라,
담배 한 대 얻어먹고
치마 한 번 들춰 주고.

* 성황당 : 천안시 태조산과 흑성산 사이 고갯길에 있었는데, 새마을 사업을 할 때 없어졌다고 함.

5부

할머니의 초당

할머니의 초당

할머니는 초당에 기거하셨다. 대숲 바람소리로 세상을 보고 사시다가 대처럼 속을 비울 수가 없어서 마음 더시며 사셨다. 밥 한술 더시거나 장롱 속의 묵은 옷가지를 더시거나 늘 절반으로 가득하셨다. 그러나 대숲 바람소리와 안산* 초록색 연한 미소만은 덜지 않으셨다. 어릴 때 나는 어머니의 시집살이 회고담 속에서 할머니 연안 차씨를 처음 뵙고 할머니 차반의 다식과 안산 초록색 연한 미소를 먹고 자랐다. 이름 있는 날이면 어머니 경주 정씨는 으레 품에서 할머니 이야기를 꺼내셨다. 할머니는 대숲 바람소리를 눈으로 보고 사셔서 늘 절반으로 가득하셨다고. 나는 그때 그 뜻을 미처 헤아리지 못했다. 대처럼 속을 비울 수가 없어서 하늘을 보며 사시다가 하늘 되어 가신 어머니는 할머니를 모시고 초당에 기거하신다고 큰누이는 믿었다. 나는 지금도 가끔 그 자리에 큰 누이가 함께 있는 꿈을 꾼다. 그리고 어머니 치마 속에 숨어서 하늘을 보는 목이 긴 아이를 만난다.

* 김명배 시인의 가족은 천안이 고향이다.
* 안산 : 충남 천안시 동남구 북면 납안리의 마을 이름

장독

니 할미는, 니 어미는
푹푹 썩는 애간장 다 뽑아서
대대(代代)로 물려받은 독 속에 재워 넣고,
앙가슴 다스리던
구운 돌을 눌러 두었지.
가난도 한숨도 맛들면
죽고 못 산다고.
니 할미는, 니 어미는
청승, 청승에 발목이 잡혀서
평생(平生)을 꼼짝 못하고
푸득이는 푸득이는
흰옷 입은 학(鶴),
학(鶴)의 아낙 되었지.
뒤꼍, 대대(代代)로 물려받은 독 속에
익사한 니 오늘의 하늘과
거기, 뼈만 남은 발자욱들이
떨어져 있는 걸,
그걸 보면 니 하늘을 알지,
니 내일의 하늘을 알지.

아버지의 자리

아버지가 기침을 하시는가. 촛불의 그림자가 흠칫 놀란다. 때가 되면, 내가 있던 자리에 숟가락이라도 하나 남아 있을까. 책 한 권과 기침소리가 있는 아버지의 자리, 통로는 없지만 나는 때때로 그 자리로 해서 멀리 아주 멀리 아버지께 아니 간 듯 다녀오고 아버지도 한 아니 오신 듯 다녀가신다. 책장(冊張)을 보면 안다. 넘겨진 책장을 보면 안다.

산(山)

자꾸 보고 있으면 죄스(罪)러워져서
두려워져서
다가서지도 못하고
물러서지도 못하는,
산(山).

그래서 사람들은
산(山) 아래 고향(故鄕)
마을까지밖에 못 들어간다.

슬하(膝下)에 앉아 있으면 송구(悚懼)스러워져서
죄(罪)스러워져서
물러나지도 못하고
다가앉지도 못하는,
아버지.

그러나 아버지는 산(山)에서 사신다.
어쩔 수 없다, 나는
산(山)이 되기까지
슬하(膝下)에서
송구(悚懼)스러울 수밖에.

아버님 백수(白壽)를 기원(祈願)하며

아버님은 밤에
누구를 만나신다.
아무 전등(電燈)이나 마구 켜 놓고
변기(便器)가 설어 90년(年) 목을
놀아 나가신다.
목천면(木川面) 허허로운 바람
헐렁해진 십문(十文)발에 밟히는
그 길 위에는
과거(過去)도 미래(未來)도 키가 커서
아버님은 이미
여기 저기에 계시다.
역대(歷代) 악성(樂聖)들이 작곡(作曲)을 못한
아버님의 90年 가락
끝에는
개진개진한 삶이 무늬지고,
지금도 나를 그 무늬 속에
항시(恒時) 막내로 두고 계시다.

* 목천면 : 충남 천안시에 있는 고을, 독립기념관이 있음.

성묘 가는 날

아부지 어디 가셔유
응 —
아부지 아직 멀었어유
그냥 가자
아부지 어디 가셔유
허 — 그놈
할아버님 댁에 간다

아버지 따라 성묘 가는 날은
속도 없이 우쭐했다

* 아버지가 할아버지 성묘 가실 때에는 어머니는 어린 나에게 모시라 하셨다. 아버지는 여덟에 할아버지 할머니를 여의셨다.

민들레

— 어머니·1

민들레 홀씨 날아가서
달에 뿌리 내렸네.
당신이 그리운 날엔
달 속에
민들레
활짝 꽃 피우네.
민들레꽃 천개 만개 모여서
당신의 얼굴 그리네,
둥글게 둥글게 당신의
마음 그리네.
그리움 그리네.

호박꽃
— 어머니·2

우리 고향의
호박꽃,
니 엄니 닮은
조선 호박꽃
수꽃 따다가
시집 보내 줄까.
우리 호적에
실어 줄까.
우리 고향의
호박꽃
니 엄니 가슴 닮은
조선 호박꽃.

고추장 항아리
– 어머니·3

눈을 인
고추장 항아리,
어머니
품냄새가
얼어붙었네요.
눈이 부셔서
눈이 부셔서
보이지는 않지만,
어머니
그 말만 들어도
눈물이 나네요.
까치소리
알맞게 곰삭은
정,
그 맛 때문에
흰 구름 송이송이
내려옵니다.

나는 술꾼입니다

나는 술꾼입니다. 형님이 말술 하셨고 조카도 두주부사하였으니 의당 나도 술꾼이 맞습니다. 나는 밤마다 술을 마시고 게걸대다가 어떤 무서운 힘에 의하여 철창 안에 내동댕이 쳐지는 한심한 술꾼입니다. 그래서 밤새도록 혼자서 누구 누구와 대작하면서 게걸대다가 울다가 하는 외로운 술꾼입니다. 나는 아무개의 아우이고 아무개의 숙부이기 때문에 술꾼이 맞습니다. 독주 옆에 있다가 맹물이 독주가 되기도 하는 세상입니다. 좀 독하기는 독하지만 언제 술 한 잔 하십시다. 여기 천안 맹물 맛도 쏠쏠합니다.

덩굴

가끔 아버지의 기침소리를 들을 때가 있다. 깜짝 놀라 두리번거려 보지만 그때마다 그건 내 기침소리다. 며칠 전 화장실 거울 속에서 어머니 입술의 그 작은 반점을 발견하고 또 한 번 깜짝 놀랐다. 내 입술에 언제 그 반점이 돋아났을까. 딸꾹질이 난다.

처음 가는 길이 너무 낯익어 어리둥절한 적이 있다. 대학생 같기도 하고 건달 같기도 한 내가 흑장미빛 가죽가방을 들고 여러 번 그 길을 다닌 것 같고 여기 어디 무언가 소중한 것을 숨겨 둔 것이 있는 것 같아 멈추어 선 적이 있다. 거기 우물 속에 까맣게 녹슬고 있는 아버지가 계시고, 그 옆 어딘가에 형 같기도 하고 아우 같기도 한 내가 있고. 딸꾹질이 난다.

여기가 다 어딘가. 우리가 다 누군가. 또 다시 언젠가 본 듯한 풍경 속에 손을 밀어 넣고 확 잡아당기면, 줄줄이 딸려 나올 것 같은 많은 나를 예감한다. 딸꾹질이 난다.

아침시간

아내와 함께 하는
아침 차 한 잔,
비가 오네요.
비는 몸을 던져서
흐름을 얻네요.
채송화 봉숭아
나팔꽃 피고,
비는 말 한 마디 없이
아침 뜰에
길을 내네요.
감사입니다.
아내와 함께 하는
아침 차 한 잔,
이 시간 여기가
어딘가요.
잊고, 잊고 또 잊고
비가 오네요.

책을 읽고 있는 아내

아내의
옆자리에 앉아 있는
고독을 본다.
반백이다.
나 혼자 있을 때는
내 옆자리에 와 앉고,
아내와 둘이 있을 때는
둘 사이에 끼어 앉는
작은 공허.
오늘은 꼼짝도 않고
아내 곁에 앉아서
책을 읽고 있다.
무표정이다.
고독의
옆자리에 앉아 있는
아내,
그는 오늘 하루 인간과
무관하다.

소이(笑而)

심심하면 가끔 아내가
사랑한다고 말해보라 한다.
멀리 있는 것도 아니고
멀리 있는 것이 아닌 것도 아니고,
나를 흔들면 나는 그냥
빙그레 웃는다.

백발이 된 아내가 지금도
사랑타령을 한다.
봄 여름 다 지나서
온통 그리움이 된 가을들판
거기 어디 낮은 지붕으로 완성한
조금은 섭섭하고 조금은 슬픈
둥지 속의 이야기
비어 있는 것도 아니고
비어 있는 것이 아닌 것도 아니고.

하늘이 놀다가 떠나버린 곳
새장 속의 새는
제4막 제5장 소꿉놀이 사랑연습을
보고 있는 건지 안 보고 있는 건지
알 수 없지만
사랑하느냐
사랑하느냐고 묻기 전에
내가 먼저 빙그레 웃는다.

자식놈 왔다 가는 날

동구 앞 장승이 웃고 있네.
딸년 시집가던 날 웃고 있더니
자식놈 기일에도 웃고 있네.
우스워서 석기시대의 웃음
아무 때나 웃는 게 아니라
세상이 그를 그렇게 만들어 놓아서
웃고 있네. 미쳤다.
미쳐서 이승의 문턱에 서서
한평생 웃기만 하는 것 보다
웃다가 울다가 하는 것이 어떨까
너무 익숙한 웃음,
뵌 적도 없는 우리 할아버지 웃음
같기도 하고,
이 세상에 온 적도 없는 우리 손자
웃음 같기도 한 그런 웃음
장승이 웃고 있네.
죽은 나무도 잘 깎아 심으면
소리내어 웃을 줄 아는 법인데, 돌았다,
돌아서 자식놈 기일 날, 동구 앞에 와서
한바탕 크게 웃고 가는 누가

있을지도 모른다.
잘 찾아보면 거기 어디 웃다가 빠진
원시인의 앞니 하나
춤추고 있을지도 모른다.

칠월

아내는 절에 가고
나 또한 산에 가고

울러 가나 웃으러 가나
바람은 짙푸르다

칠월*은
부활이란다
가슴시린 삶이여

* 칠월은 큰 아이가 먼저 간 달이다.
* 시조

달

— 무애*에게

하늘에 떠 있어도
바다에 떠 있어도
알 수 없는 당신의 마음에 떠 있어도

무심아, 그거였구나
텅 비어서 가득한

살아서 천의 구름
죽어서 만의 바람
멀리 보면 꽃이요 다시 보면 별이라

무심아, 그거였구나
멀리 두고 그윽한

* 무애(無涯) : 무애는 먼저 간 큰 아들의 법명

별리
― 무애에게

울어 만나리
웃어 만나리
눈을 뜨고 만나리 눈을 감고 만나리
그리움
이제 아니라
울어 웃어 만나리

더는 멀리 아니라
더는 가까이 아니라
이대로가 좋으리 그대로가 좋으리
그리움
이제 아니라
죽어 죽어 만나리

잔디
– 무애에게

잊어버리기 위해
잊어버리지 않기 위해
앙가슴에 묻어둔
말 한마디 꺼내보며
반갑다 웃어 보일까
그립다 울어 버릴까

잊어버리기 위해
잊어버리지 않기 위해
잔디잔디 잔디야
봄 갈 옷 갈아입고
그립다 울어 버릴까
허 허 웃어 보일까.

녹차

비오는 날에는
방안에 앉아 있어도
어깨가 젖습니다.
풍경화 속의 산마을에도
비가 내리고
가슴이 젖습니다.
녹차 한 잔 어떨까요.
침묵 속으로 들어와서
눅진 마음
빳빳하게 풀기 세우는
한 잔의 산빛 온기
둘이 아니어도 되는, 그래
혼자라도 괜찮은
시간 밖의 시간을 살게 합니다.
녹차 한 잔 어떨까요.
꿈이 있던 자리에 돋아나는
작은 공허는, 비오는 날
피우지 못한 무지개
거기, 그 산마을에 여태
살고 있습니다.

김명배 시인의 시와 삶

문학평론가 리 헌 석

1. 김명배 시인 읽기

의제헌(宜弟軒) 김명배(金明培) 시인은 1932년 8월 20일 충남 천안시 목천읍 동평리 141번지에서 태어나고[1] 성장한다. 천안농업고등학교와 공주사범대학 국문과를 졸업하여 중등교육과 대학교육에 헌신한다. 특히 그의 출생지 '목천(木川)'은 후일 독립기념관이 들어서게 되고, 이로 인해 그의 고향은 애국애민(愛國愛民) 정신의 발양지(發揚地)란 측면에서 민족사의 중심이기도 하다.

시인은 이러한 고향에 대한 자부심을 문학작품으로 빚는데, 나라와 겨레를 위해 살신성인(殺身成仁)을 이룬 고장의 훌륭한 인물에 대한 자부심이 특별하다. 임진왜란의 명장인 충무공 이순신 장군이 이웃 고을 '아산' 출신이며, 구한말 일본에 끌려가서 온갖 고초를 겪은 면암 최익현 선생이 '청양' 출신이고, 일본의 무력을 응징한 윤봉길 의사가 '예산' 출신이며, 청산리 전투의 신화를 남긴 김좌진 장군

1) 주민등록부에는 1933년으로 기록되어 있으나, 실제 생년월일(음력)을 적시한다.

이 '홍성' 출신이고, 「님의 침묵」을 통해 민족시인으로 추앙 받는 만해 한용운 선사 역시 이웃 고을 '홍성' 출신이다.

시인에게 있어 시와 삶의 터전인 '천안' 고을도 위대한 민족 지도자를 배출한 민족의 성지에 해당한다. 삼일운동의 선구자인 류관순 열사가 천안시 '목천' 출신이고, 일제 말 독립군의 지도자였던 철기 이범석 장군의 출생지도 '목천'으로 시인과 같은 마을이기 때문이다.

김명배 시인은 고증이 되지 않은 일화(逸話)를 몇 차례 소개하기도 한다. 조국 근대화의 깃발을 들고 나라의 부흥을 위해 진력한 박정희 대통령이 민족사의 가장 위대한 인물로 숭앙(崇仰) 받는 충무공을 위해 '현충사'를 일신(一新)하고, 참배를 마친 뒤 "충청도 사람 말고는 민족지도자가 없는가?"라고 물을 정도로 충청도는 충절의 고장이라는 것이다. 이러한 일화 인용에서 보이는 것처럼, 김명배 시인은 충청도에서 태어나 성장하고, '충절의 고장'으로서 충청도를 사랑하며, 80여 평생 고향을 지켜온 충청도 토박이 선비이다.

특히 그는 민요에 있는 '천안 삼거리, 흥흥, 능수야 버들이, 흥흥' 이라는 가사가 충청도 사람들의 특성을 반영하는 것이라고 역설한다. 버드나무 가지는 축 늘어져 있더라도 그 뿌리는 굳건하게 땅을 지키고 있다는 것이다. 땅에 굳건하게 내린 뿌리와 같이 나라와 겨레의 어려움이 닥쳤을 때에는 가공할 힘을 발휘하는 것이 충청도 사람이라는 것이다. 이런 뿌리 의식과 심리적 자부심이 김명배 시인의 작품에 핵으로 기능한다.

어디로 가나
내 길,

天安 三巨里
버들
하늘로만 오르라는
八字가
서러워서 치렁치렁
늘어진
抵抗.
한 사흘 비나 내려야지
주저앉아 버리게
주저앉아
여기서
살아 버리게.

―「三巨里韻 1」 전문[2)]

이 작품에서 시인은 자신의 내면을 사실적으로 투영(投影)한다. '어디로 가나'라는 서두를 통하여 시인은 자신이 살아야 할 '삶의 방향'을 모색한다. 시인은 천안 삼거리에 있는 버들에 자신을 의탁하는데, '하늘로만 오르라'는 팔자가 서러워서 가지를 늘어트리고 있다고 생각한다. 하늘로 오르는 것이 나무들의 일반적 속성이라면, 버들은 이러한 천리(天理)를 거스르는 것이며, 이러한 속성은 바로 '저항(抵抗)'으로 이어진다.

이와 같은 소극적 저항 의식이 김명배 시인의 문학적 원천으로 보인다. 무릇 시인을 비롯한 예술가에게는 창작의 고통이 엄습하게 마련이다. "최고의 수준이어야 겨우 적당하다."고 한 괴테의 주장처럼, 시인은 자신의 작품이 최고여야 한다는 강박관념에 사로잡히게 마련이다. 이러한 의식에 의한 창작의 고통은 시인으로 하여금 좋은 작품을 빛게 하는 순기능으로 작용하기도 한다.

2) 인용 작품 및 제목은 원본을 그대로 반영한다.

시인은 작품 창작에 있어 수없이 엄습하는 고통을 자신의 치열한 문학 정신으로 극복하고자 한다. 이런 노력으로 인하여 예술성 짙은 작품이 창작되는 것이며, 그런 과정을 통하여 시인은 삶의 목적을 달성하고자 한다. 이런 과정이 이어져서 문학 창작을 평생의 업(業)으로 삼게 되는 것인 바, 김명배 시인의 문학 창작의 원천은 바로 '버들'의 저항 기질에 말미암은 것으로 보인다.

바람에 흔들리더라도 부러지지 않는 힘, 중심을 잡고 굳건하게 내린 뿌리로 스스로를 지탱하는 힘, 그리하여 시류(時流)에 휩쓸리지 않고 선비의 본성을 견지하는 힘, 그 힘을 자연스럽게 작품으로 승화하는 것이 김명배 시인의 문학적 특질이다.

그는 '천안 삼거리'라는 지역을 끝내 지킨 장승과 같은 역할, 터줏대감과 같은 역할을 문학적으로 이루고자 한다. '한 사흘' 비가 내리면 고향을 떠나지 않고 '주저앉아/ 여기서/ 살'고 싶다는 소망대로 그는 평생을 천안에서 산다. 그것이 곧 그에게 있어 '내 길'이며 지향(指向)이다.

「三巨里韻 2」에서 시인은 〈서울로만 가네,/ 바람도 가고/ 구름도 가고/ 서울로만 가네.〉라며, 고향을 떠나는 현상을 담담하게 노래한다. 겉으로는 담담하게 보이지만, 시인의 가슴에 차고 넘치는 서정은 안타까움을 동반하고 있다. 시인의 가슴에 오랜 세월 고였다가 흘러 넘쳐 작품으로 빚어지는 문학 창작의 원천이다. 그래서 시인은 「三巨里韻 3」에서 〈천안 삼거리/ 장승이 서서/ 두 눈 청청한/ 하늘만 보네〉라고 노래한다. 여기서의 '장승'은 시인의 분신으로 보아도 무방한데, 이런 비유와 상징으로 인해 이 작품은 의미심장(意味深長)한 격조를 담고 있다.

새가 날자
벌레 먹은 그늘 밖으로
뚝 떨어지는
그림자.

무릎까지 자란
무성한 빛을 가르며
바람이 되어 간다.

떠나지 못하는 것들만 남아서
반추하는
孤獨,

虛無는 한낮처럼
눈부시다.

—「鄕里에서 1」 일부

천안 삼거리 장승이 '떠나는 것'들을 청청한 두 눈으로 응시하듯 이 시인은 〈떠나지 못하는 것들만 남아서/ 반추하는/ 고독〉을 응시한다. 이 작품에서 가장 중요한 시어(詩語)는 '떠나지 못하는 것들만'에서 '것들만'에 담겨진 비하(卑下) 개념이다. 이것은 스스로에게 향한 비하이면서 화자와 동일한 범주에 있는 불특정 다수에 대한 비하이기도 하다. 그런 내면 속에서 시인은 고독을 감득(感得)하게 되고, 그 속에서 '허무(虛無)'를 체험하게 되며, 이로 말미암아 스스로 '바람'이 되고자 한다.

이 바람은 〈무릎까지 자란/ 무성한 빛〉을 가르는 존재인데, 빛을 가르는 것은 앞의 〈벌레 먹은 그늘 밖으로/ 뚝 떨어지는/ 그림자〉와 연계된다. 이 그림자는 '새가 날자' 시인의 내면에 생성되는 인식의 실체에 해당한다. 새가 날아간 자리는 바로 '벌레 먹은 그늘'이 되고, 그 그늘은 '빛'을 갈랐기 때문에 생성된 것이라 할 때, 시인은 '새'를 통하여 현실을 조감한다.

「鄕里에서 2」의 서두에서 시인은 〈울고 있다./ 허깨비가 득실거리는/ 밤의 상자 속에서/ 울고 있다.〉고 노래한다. 〈수만 동이의 눈물이/ 대대로 빨아먹던 젖꼭지 속으로/ 되돌아가고/ 가난한 아궁이에 불을 지핀 어머니의/ 부지깽이, 내가 심은 죽은 나무는/ 허깨비가 되어서 이제/ 눈물 한 방울 없는 밤〉을 한탄하며 울기도 한다. 향토적 서정과 시인의 체험이 융합하여 새로운 이미지를 형성하고 있지만, '밤의 상자' '가난한 아궁이' 등에서 찾은 고향의 이미지는 〈벌레 먹은 그늘 밖으로/ 뚝 떨어지는/ 그림자〉와 동질성을 지닌다.

이런 상황은 「木川川」의 〈아우내 장날/ 새벽/ 木川川을 건너서/ 외딴집 과부/ 꿈 팔러 간다.// 木川川에 몸을 씻는/ 아기 부처/ 자갈틈에 앉아서/ 왜 웃는가/ 왜 웃는가.〉에서처럼 '전통적 서정'과 '풍자'에 의한 비판이 성립되고, 이러한 비판은 김명배 시인이 견지하고 있는 소극적 저항 의식의 투영이다. 이러한 의식을 바탕으로 그의 작품은 언어 예술로서의 문학성 확보라는 가치를 생성한다.

2. 청·장년기 시 찾아보기

김명배 시인은 천안농업고등학교를 졸업하고 공주사범대학 국어국문과에 입학하면서 문학 창작의 각오를 새로이 다진다. 이 시기에 그는 문학에 대한 새로운 눈을 뜨게 되는데, 전국적으로 인정받는 문인들과의 교유(交遊) 때문으로 보인다. 이때는 6·25 민족 전쟁으로 인해 김구용·정한모 시인 등이 충남 공주에 피난 내려와 공주사범대학을 중심으로 문학 활동을 펼치던 때여서 많은 문인들과 만나게 된다.

그는 1953년부터 '백양문학회' '능수문학회' 회원으로 활동한다. 문학청년으로서 고향에 문학회를 조직하고 운영하면서, 문학의 텃밭을 가꾸어야겠다는 것은 바로 문학적 선구자로서의 내면이 작용한 것으로 보인다. 1954년부터 공주사범대학을 중심으로 한 '과수원시회'의 창립 멤버가 되고, 이어 작품집을 발간하면서 동시대의 문학청년 모임의 대표 역할을 자임한다. 이때 많은 문인들을 만나 문학의 씨앗을 심고 가꾸는데, 후일 등단 절차를 밟지 않았더라면, 그의 등단 시기에 대한 정리는 바로 이때로 획정되었을 것이다.

이어 1956년에 '호서문학회'에 입회하여 3집에 작품이 수록된다. 같은 해 1956년에는 한국문학가협회 충남지부 회원으로 활동하였고, 1958년부터는 충남 연기군 문인을 중심으로 활동한 '백수문학회'의 멤버로 참여하기도 한다. 그 이후 문학 창작에 전념하던 중, 제도권 문인으로 거듭나기 위해 1973년 1월에 『현대시학』의 추천을 받아 시인으로 출발한다.

그는 문학 창작을 통해 민족의 불행한 시기에, 이를 극복하기 위한 '새로운 불씨'가 되겠다는 의지를 되새긴다. 그런 사명감으로 작품을 쓰되, 순수 서정을 잃지 않고 있다.

대숲을 날아서
바람 위를 흐르다가

소나무
가지 끝에 켜지는

빛을 보고,

자갈밭을 날아서
구름 위를 흐르다가

미루나무 중턱에
켜지는
빛을 보고,

밀리는 波紋에서
내 안에 켜지는
빛을 본다.

—「새」 전문

김명배 시인은 새가 되어서 대숲을 날기도 하고, 바람 위를 흐르기도 하면서, 소나무 가지 끝에 켜지는 청청한 빛을 보기도 한다. 또한 곧게 자라는 미루나무 중턱에 켜지는 빛과 자신의 가슴에 켜지는 빛을 보기도 한다. 이는 자연 속에서 그와 자연이 합일(合一)하는 시정신의 발현으로 보인다. 시인이 '눈 맑은 새'가 되고, 하늘을 날며 조감하는 가운데 빛을 발견한다.

이 빛이 바로 시인의 지향이다. 둘째 시집『둘째의 공간』서시(序詩)에서〈어느 詩人은/ 시골에서 시를 쓴다./ 누구에게/ 우쭐대거나 허풍치거나/ 꾸미는 일 없이/ 오로지/ 神과 더불어/ 숲길을 거닐고/ 神의 옷자락을 덮고/ 편안하게 잠드는〉수목(樹木)의 세계를 지향한다. 이 수목은 바로 자연의 대유(代喩)에 해당하며, 이것이 바로 김명배 시인에게 있어 시를 빛게 만드는 원동력으로 작용한다.

이와 같이 그는 자연과 스스로가 합일하는 경지를 작품으로 형상화한다. 자연에 대한 관심과 인식, 그리고 자연에 대한 끝없는 사랑은 공업화와 산업화에 부정적이고 비판적이게 마련이다. 그래서 시인은 인공적인 여러 요소들에 부정적 밑그림을 그린다.

「늪 地帶」의 〈귀먹은 空間/ 石油가 뜬 늪에// 낮달은/ 떠오르는 죽은 물고기// 잿빛 비늘이/ 떨어진다.〉에서는 자연을 파괴하는 '石油'를 고발하기에 이른다. 또한 〈타이어가 삭는/ 工場의 마당 구석에서// 머리끝을 세우는 잡풀들이/ 녹슬고// 枕木에 내려앉는/ 까마귀떼// 먹빛 濁한 울음을/ 운다.〉에 이르면 환경파괴를 경고하는 그의 선견지명(先見之明)에 놀라게 된다. 이 작품은 2000년대 전후에 쓰여진 환경시가 아니라, 그보다 반세기 전에 쓰여진 것이라는 점을 상기한다면, 그야말로 선구자적인 발상이다. 이어서 시인은 〈工事場/ 鐵筋의 숲 위에// 떠오르는/ 죽은 물고기// 石油가 뜨는 늪/ 귀먹은 空間〉을 노래하여, 역설과 연상 기법으로 환경 파괴를 엄중하게 경고한다.

자연 속에서 자연과 함께 사는 시인은 도시의 일부 생활도 비판적 대상으로 투영한다. 「南大門의 새」를 그는 〈한줌의/ 銅錢을 뿌리듯/ 솟았다가 떨어지는/ 漢江橋의 새들〉이 〈빌딩의 숲/ 아스팔트길에 흩어진/ 外米〉를 먹으며 산다고 비판한다. 그 새는 〈추녀끝/ 忍冬무늬 바람/ 위에서/ 五百年 業으로 닦아온/ 가락/ 그 아아한 소리를/ 잊은/ 새〉라고 거듭 비판한다. 〈빌딩의 窓마다/ 몇 字씩 새겨진/ 方言의/ 낯선 뜻을 기웃거리는/ 새〉라며, 국적 없는 언어에 대한 비판도 준열하다. 그래서 도시의 새들은 〈銅錢처럼 保護色으로/ 더러워지고 있〉는 것이라고 확언한다. 이런 비판 의식이 바로 김명배 시인이 견지하고 있는 저항 의식의 단면이다.

오지항아리가 간다,
언덕길로.

말똥구리의
業.

土丸을 짓는 늙은 陶工이
간다.

카랑카랑 구워진 바람
흙내를 끼얹는다.

아비 냄새가 난다.
어미 냄새가 난다.

까까머리 少年이
간다.

나의 옛날이 風化한다.
언덕길에서.

—「언덕길」 전문

김명배 시인은 언덕길에서 말똥구리가 환(丸, 둥근 물체)을 짓고 있는 모습을 보게 된다. 그 '丸'은 말똥구리에게 있어서 종족 보존을 위한 본능적 작업이겠지만, 시인에게 있어서는 고향의 가치로운 사물을 회상하는 매체로 작용한다. 그 말똥구리의 '丸' 모양이 '오지항아리' 같다는 것, 또한 '오지항아리'로 보았기 때문에 연상된 '도공(陶工)'으로 인해 화자의 인품은 고상하게 격상된다. 더불어 '오지항아리'와 '도공'은 과거 우리 민족의 일상생활에서 산견(散見)되는 대상이었기 때문에 폭넓은 서정의 메아리를 생성하게 된다. 말하자면 '흙내' '아비 냄새' '어미 냄새' '까까머리 少年' 등으로 연결되는 시어의 이미지가 '언덕길'을 통해 일관성 있게 결집(結集)하는 것이다.

말똥구리의 '丸'에서 '오지항아리'를 연상하듯이, 김명배 시인은 연상을 통하여 미적 성취를 이룬 작품이 많다. 이런 형상화가 김명배 시인의 작품성을 높이는 단서로 기능하기도 한다. 「구멍」의 〈쥐구멍/ 수채구멍// 女子의 까만 콧구멍/ 家計簿에 난 銅錢구멍// 날마다 우는 귓구멍/ 내 무덤에 생기는 여우구멍〉 등이 그러하다. '쥐구멍'과 '수채구멍'의 동질성, 여자의 콧구멍과 가계부에 생긴 구멍, 이명이 울리는 귓구멍과 여우가 파 놓은 무덤의 구멍, 이들은 서로 연상 기법에 의해 단순 열거 형식을 극복하고 완결된 이미지를 형성한다.

「잉크병」을 통해서도 연상 기법은 빛을 발한다. 〈재떨이 곁에 놓인/ 잉크병/ 廢墟의 냄새// 속에 머무는/ 古生代의 靜寂// 깊은 地層/ 原木 가지에서 불어오는/ 바람이 죽고 있다.〉에서 보여주는 연상은 경천(驚天)은 몰라도 동지(動地)에 해당할 정도로 놀라운 형상화이다. '잉크병'에서 '廢墟의 냄새'를 찾는다는 것, 다시 '古生代의 靜寂'을 찾는다는 것, 그것이 '깊은 地層'의 '원목 가지에서 불어오는 바람'으로 환치되는 이미지의 전환은 놀라울 만큼 신선하다. 이렇게 이미지(像)를 연쇄(連鎖)시키는 것은 누구나 가능한 것이 아니다. 시인으로서 타고난 상상력과 후천적으로 갈고 닦은 원심력에 기인하는 것이다.

> 거울 속 저쪽 벽의 딴 거울 속에는
> 작은 樂器가

살고 있다.

아내를 보면 아내의 法을
나를 보면 내 法을
演奏한다.

밤에는 가끔
外出하기도 하지만
노래 때문이다.

작은 樂器는
거울 속 저쪽 벽의 딴 거울 속에
세상이 있다.

딴 세상이지만
거기도 많이 變해 버린 運命이 있다.

—「작은 樂器」 전문

김명배 시인의 「작은 樂器」는 사물에 대한 인식의 특수성이라는 점에 의해 특별한 의미를 지니게 되고, 이로 인해 주목받는 작품이다. 거울 속의 악기, 그 악기를 보는 사람에 따른 인식의 차이, 그 거울 속의 다른 세상에 대한 인식과 '운명'의 함수관계, 이들은 다양한 의미를 상징·함축하고 있다. 이 작품은 李箱의 시 「거울」과도 부분적으로 이미지가 겹치고, 윤동주의 「자화상」과도 일부 이미지가 겹친다. 오히려 두 작품보다 수준 높은 철학적 의미를 담고 있는 것으로 평가할 수 있는 작품이다.

이와 같이 의식의 흐름과 상징성을 통하여 시인의 내면을 밝힌 작품은 산견된다. 개념과 구체적 사물이 교집합(交集合)으로 형상화된 작품으로는 「고딕音」이 있다. 〈저녁 종소리는/ 고딕이다.〉

〈천년을 두고/ 서쪽 벽에 붉게 개칠한/ 늑대의 울음〉〈죄 많은 세상도 사뭇/ 꽃이다.〉〈천년을 두고/ 罪만큼이나 커 버린 키/ 가늘고 긴 꼬리〉 등에서 의식의 흐름이라는 표현적 특징을 찾게 된다.

「意識의 모습」에 이르면 시 자체가 바로 '의식의 흐름'으로 화(化)한다. 〈생각도 없이 집을 나왔다./ 山이 보고 싶었다./ 山은 내 발 밑으로 빠져 내리고/ 나는 울 수도 없었다./ 山은 바다가 되고 있었다./ 바다는 내 머리 위로 넘쳐흐르고/ 나는 울 수도 없었다./ 바다는 다시 山이 되고/ 나는 점점 투명해지고 있었다./ 意識의 모습은/ 銀製 낙타의 엑스레이 寫眞./ 생각도 없이 집으로 돌아왔다./ 바다가 보고 싶었다.〉 등에서 확인된다.

이러한 의식의 흐름은 「나비」에서도 특별하게 드러난다. 〈死角에서 흘러오는 바람도/ 곧잘 나를 열고 들어와/ 자꾸 넓어지는 旣成服 품속에서/ 조금씩 나를 執行해 간다.〉에서 찾는 의식의 일단은 당시 문학 작품들 중에서 백미를 이룬다. 또한 「剪枝」에서도 〈잘라져 떨어진 나뭇가지에/ 열매가 맺는다〉〈어제 그 나무는 시들고/ 밤이 깔린다.〉〈쓸모 없는 勢力의 나뭇가지가/ 밤을 떠받친다.〉 등에서 확연하게 드러난다.

개에게 개새끼라고 辱을 해도
조금은 마음이 후련해진다.

밤마다 主人을 짖는 검둥개야,
밤마다 鬼神을 짖는 검둥개야,

꿈틀거리는 어둠 그 등뒤에서
일곱째 날에도 짖는 개.

짖고 있다.
짖고 있다, 나도.

내가 나에게 개새끼라고 辱을 해도
조금은 마음이 후련해진다.

—「개」 전문

'개'의 상징성에 의해 이 작품은 다양한 모습으로 환치된다. 그러나 시인이 말하려고 하는 것은 '개'를 '개'라고 하는 것과 '개 아닌 사물'을 '개'라고 부르는 것의 개념적 양상이다. 마지막 연에서 〈내가 나에게 개새끼라고 辱을 해도/ 조금은 마음이 후련해진다.〉고 한 것은 심리적 욕구 불만에 대한 새로운 해소책이다. 이렇듯이 의식의 단층을 부분적으로 잡아내어, 이와 동질적 연상이 가능한 사물에 의탁하여 표출하는 것은 문학 작품에 새로운 힘을 부여하게 된다.

「나무와」에서 보여 주는 형상화는 기존의 방향을 견지하면서도 기발함을 보인다. 〈밤새도록 '反對·反對'하다가/ 얼굴 하나 붉히지 않고 '贊成'해 버린/ 擧手로, 심은 나무가 나를 보고/ '反對·反對' 한다.〉에서 '나무'를 현실 속의 '나무' 자체로 볼 수는 없을 터이다. 의리 없고 지조 없는 사람들에 대한 비난을 작품화한 풍자시이기 때문이다. 이와 같은 비판과 함께, 자신을 점검하는 김명배 시인은 〈이제 나도 문학전집을 읽어 나가듯/ 쉽게 딴 女子와 잠을 잘 수 있을까.〉 자문한다. 그러나 그는 〈거짓말을 못하는 나무〉로서의 자신을 발견하게 된다. 이것이 바로 김명배 시인을 충청도의 선비라 부르게 하는 근원적 자세라 하겠다.

3. 원숙기의 시 찾아보기

김명배 시인은 다작(多作)은 아니지만, 휴지기(休止期) 없이 창작의 삽질을 계속한다. 창작과 더불어 1970년대부터 활발한 문학 활동을 전개한다. 천안문인회를 조직하여 회장으로 봉사하기도 하고, 다시 한국문인협회 천안지부로 공조직화하여 지부장을 맡기도 한다. 이 당시에는 안성농업전문학교의 교수로 재직 중이었는데, 이 학교는 후일 안성산업대학교로 발전하였으며, 다시 한경대학교로 교명을 바꾼다. 1999년 2월 정년퇴임할 때까지 이 학교 교수로 봉직한다.

한국문인협회 천안지부장으로 봉사하던 시기에 '돌뫼문학동인회'가 탄생하게 되는데, 이때 그는 고문(顧問)을 맡아 후견(後見)한다. 이 단체는 1977년 4월 동인지 『도가니』를 발간하는데, 후일 단체 이름을 '도가니문학회'로 변경한다. '도가니문학회'는 동인지 『도가니』를 발간하다가 동인지 명칭을 변경하여 『오늘의문학』을 발간한다. 이후 다시 단체 명칭을 '오늘의문학회'로 변경하고 會誌 『오늘의문학』을 지속적으로 발간한다.

1993년에는 '오늘의문학회'를 중심으로 문학잡지 《오늘의문학》을 발간하여, 충청권 최초이자 유일한 문학잡지 시대를 개척하였는데, 김명배 시인은 잡지의 편집위원 겸 단체의 고문으로 지역문학 발전에 이바지한다. 이 단체는 2002년 임의단체인 '오늘의문학회'에서 공식 법인단체 '사단법인 문학사랑협의회'로 발전한다. 문학잡지도 《오늘의문학》에서 《문학사랑》으로 제호를 변경하여 21세기에 발맞추는 쾌거를 이룬다. 이 과정에서도 김명배 시인은 고문으로서 새로운 출발을 이끈다.

또한 김명배 시인은 '천안시인회'의 고문을 맡아 천안에 시의 뿌리를 내리게 한다. '천안시인회'는 1995년부터 해마다 동인지를 발간하여 천안 지역 시문학 발전의 중심이 되고 있다. 이어서 그는 제자들로 한정하여 결성한 '가시나무시회'의 고문을 맡아 노년기의 열정을 꽃피운다. 해마다 시낭송회와 시화전을 개최하여 천안 지역에 시문학의 새로운 물결을 만들고 있다. 이렇게 열정적으로 문학활동을 전개하면서도, 내면에서는 무욕(無慾)을 향한 구도(求道)가 계속된다. 세상에 함몰하지 않기 위해 깨어 있는 시 정신을 보인다.

산 속을 흐르는 물에
발을 담그고 있으면
바다까지 이어져서
큰배를 타고
하늘로 해서 둥글게
둥글게 다시 돌아온다.
어떤 땐 부처님
낮잠 속으로 떨어지고
또 어떤 땐
뒷간에 떨어지기도 하지만
깜짝 놀라 깨면
산 속을 흐르는 물에
발을 담그고 있다.

—「山寺日記 6」 전문

김명배 시인이 연작시로 선보인 「山寺일기」는 무욕의 시심을 지향한다. 이러한 지향은 시인에게 있어 새로운 방향이 아니다. 그는 언제나 절제와 비움의 의지를 밝혔고, 작품 속에 그러한 내면을 투영했기 때문이다. 그러나 무욕의 시심은 현실에서 도달할 수 없는 경지에 해당한다. '완전하게 욕심을 버린다는 것'은 '버리고자 하는 욕심마저 버려야 하는 것'이기 때문이다. 이는 인간으로서 도달할 수 없는 경지에 해당한다. 그래서 선승(禪僧)이나 시인은 무욕의 시심을 지향하는 자체에 의미를 두고 있으며, 무욕의 경지에 도달하기 위해 정진하는 과정 자체에 더 큰 가치를 부여한다.

「山寺日記 1」에서 시인은 〈산고양이 울음이/ 어둠을 찢었다.〉는 화두 아래, '스님'이 부처님의 돈을 빌려(훔쳐)서 하산했다는 것, 애기스님은 구구단을 외우듯이 독경하고 있다는 것, 그런데도 '내 가슴'을 노려보는 '어둠'을 대입하여, 자신의 순수지향을 반영한다. 이러한 상황이 「山寺日記 2」에서 결과로 형상화된다. 〈스님은/ 꼭두새벽에 돌아왔다./ 다 늦게 바람난/ 꽃 두어 송이가/ 실쭉했다./ 나무그루마다 밑둥에/ 불이 붙어 보였다./ 새들은 山寺에 내려와/ 빈 말만 쏟아 놓고/ 애기스님 대답은 하루종일/ 삐딱했다.〉에서 시인이 그리는 내면의 그림은 비유와 상징으로 절정을 이룬다.

내면과 지향, 그리고 표현의 멋을 추구하는 것이 시를 창작하는 첫걸음이자, 시를 시답게 하는 요체(要諦)이다. 「山寺日記 8」에서 그런 경지의 감동을 공유하게 된다. 〈산소리와/ 산빛을 뜯어다가/ 엮어 널고/ 산소리의 뿌리를 캐다가/ 산빛의 열매를 따다가/ 엮어 넌다./ 혹은 새, 혹은 달,/ 혹은 바람으로 환생하기를/ 기다린다./ 알처럼 씨처럼 늘/ 마음 한 귀퉁이를 비워 두든지/ 아니면, 한 곳에 지긋이/ 뿌리를 내릴 줄 알아야만/ 다시 살아난다.〉는 이 작품에서 시인이 말하는바 〈알처럼 씨처럼 늘/ 마음 한 귀퉁이를 비워〉둘 줄을 알아야 한다는 것은 바로 무욕을 향한 득도의 과정이다. 이러한 비움으로 인해 자신만의 문학적 생명이 탄생되는 것이니, 이처럼 작은 발견을 통해 문학 작품에 새롭고 위대한 가치를 부여하는 것이며, 이는 문학 창작의 본질적 요인이기도 하다.

고갯마루에 서서
날아간 새의
뒷모습을 본다.
세월이 내 곁에 와서
잠시 머뭇거리다가
내려간다.
바람이 베푸는 대로 춤을 추는
갈대밭을
지나는 세월은 백발이다.
하늘
끝끝으로 날아간 새
내 곁이 이렇게 크게
자리가 나는 날은
더 가깝게
가깝게 네가 보인다.
안 보인다.

—「새 2」 전문

김명배 시인의「새」연작시 3편은 고도의 상징을 동반한다. 그래서 새의 원관념을 찾기가 쉽지 않은데, 다만 그의 삶에 펼쳐진 실제 상황을 염두에 두고 재구성해야 할 듯싶다. 이로 인해 시인이 상징적으로 보여 준 작품을 구체적 상황에 의해 밝히는 것이 중요하다. 어떤 사물이나 행위에 대한 책임·무책임에 대한 갈등은 상존하게 마련이다. 「새 1」에서 시인은 〈내버려 두었더니/ 울었다.// 새장 속의 새는/ 세상 사는 법을 알았다.// 새장 속에/ 세상을 가져와 살면/ 세상이/ 새장 속에 들어온다.// 내버려 두었더니/ 먹었다.〉라고 하여, 시인은 현실적으로 반영되는 인식의 테두리 안에서 삶의 경이로움을 구체화한다.

그러나 이 작품이 앞의 예를 든 「새 2」에 이르면 새의 이미지가 완연하게 달라진다. 〈고갯마루에 서서/ 날아간 새의/ 뒷모습〉 〈하늘/ 끝끝으로 날아간 새〉로 인하여 시인은 '공허'를 체험한다. 시인이 고갯마루에 서서 바라보는 새의 원관념은 「새 3」으로 인해 유추가 가능하다. 〈아내는 山으로/ 울러 갔다./ 새장 속의 새는/ 하늘을 끌어내리고/ 운다./ 어쩌다/ 都市로 울러 오는 새가/ 있다./ 만났을까, 만났을까,/ 아내는 山으로/ 울러 갔다.〉 이 작품에서 시인과 아내가 공유하고 있는 '비움'과 '울음'의 의미가 작품 해석의 단서로 작용한다.

「7월」은 시인의 감정을 표출하되 스스로 절제하는 애이불비(哀而不悲)의 미학을 견지한다. 〈자식을 앞세우고 남은/ 7월은/ 에밀레 애빌레 하얀 울음.// 나는/ 너무 쉽게 울지만/ 너는 그렇게 울지 마라.// 어디선가/ 부처로 태어날/ 돌 하나가/ 시방 막 작은/ 맥박을 시작한다.〉에서 〈자식을 앞세우고/ 남은 7월〉에서 울음의 정체를 확인하게 된다. 이 작품은 우리 속설에 있는 바, "부모가 죽으면 산에 묻고 자식이 죽으면 가슴에 묻는다."는 말을 반추하게 한다. 이는 참척(慘慽)에 해당하는 일로, 맏아들(법명 무애)의 죽음은 그야말로 애끓는 일이었을 터이고, 이로 인해 시인은 주체하지 못할 정도로 넘치는 슬픈 감정으로 절통했을 터이지만, 시인은 스스로 이를 정화해 낸다. 이로 인해 문학 작품으로 승화할 때쯤에는 어느 정도 격정이 가라앉게 되어 객관적 성향을 되찾은 것으로 보인다.

이것은 정지용 시인의 「유리창」에서 보이는 아들의 죽음과도 상통한다. 〈유리에 차고 슬픈 것이 어른거린다.〉〈고운 폐혈관이 찢어진 채로/ 아아, 너는 산새처럼 날아갔구나.〉에서 보이는 것과 동질성을 갖는다. 이는 또한 김광균 시인이 어린 아들을 보내고 보여준 「은수저」와도 동질적이다. 〈언 들길을 애기가 간다./ 맨발 벗은 애기가 울면서 간다./ 불러도 대답이 없다./ 그림자마저 아른거린다.〉 등과 동일한 감성일 터이다. 그러나 이들 작품에서 보이는 감정의 소용돌이보다 김명배 시인은 더욱 정화하여, 진정한 애이불비(哀而不悲)의 시 정신을 보인다.

달아나기.
낮달이나 하나 등에 지고
멀리멀리 달아나기.

뒤돌아보기 없기.
천년만년 가슴 치기 없기.

달아나도 달아나도
앞으로 나가지지 않으면,
그냥 그대로
제자리걸음이라도 계속하기.

천년만년, 낮달이나 등에 지고
다람쥐 쳇바퀴 돌리기.
사랑하기 없기.

— 「낮달이나 등에 지고」 전문

이 작품에 있는 '낮달'은 앞에 안는 것이 아니고, 등에 지고 있는 대상이다. 또한 등에 지고 뒤돌아보지 말아야 할 대상이다. 더불어 '사랑하기 없기'와 연결되는 대상이다. 시인은 낮달을 뒤에 두고, 멀리 달아나면서 잊고자 하는 것이다. 또한 가슴을 치지 않기 위하여 제자리걸음이라도 계속해야 하는 것이다. 이것은 앞에서 본 슬픔의 부분 집합일 수도 있으며, 문학 창작의 고통일 수도 있다. 어떻든 시인은 해가 지지도 않은 시간에 얼굴을 내미는 '낮달'에 대하여 아픈 사랑의 이미지를 담아, 그 슬픔의 정서를 극복하고자 노력한다.

앞으로 나아가기 위하여 시인은 「길 1」에서 〈짐승의 길을 걸어서/ 산을 오르고 싶다.〉고 하기도 한다. 그리움이나 슬픔은 의지대로 되는 것이 아니다. 「연꽃」의 〈가지 마라. 가지 마라 하면, 넌/ 뒷모습으로 가고,// 가거라,/ 가거라 하면, 넌/ 뒷모습으로 선다.〉에서처럼 자신의 의지와 다르게 반응하는 것도 많게 마련이다. 「雨日吟 7」에서도 시인은 '사랑하지 않기'를 다짐한다. 〈무덤 속에 누워서/ 눈 안 뜨기,/ 별 안 보기.〉〈무덤 속에 누워서/ 몸/ 허물지 않기,/ 사랑하기 없기.〉 등은 내면의 역설적 정서를 절묘하게 형상화한 것이다.

이들과는 달리 「감자꽃」은 시인의 슬픈 내면이자 과거 우리 민족의 서러운 정서를 그대로 담아내고 있다. 〈감자꽃,/ 니가 어디 꽃이니,/ 눈물이지./ 닦아도 닦아도 지울 수 없는/ 우리 아줌니/ 핏속에 스며든 햇빛과/ 달빛과 별빛/ 그리고, 아무도 모르는 죄 하나/ 눈감고 있구나./ 감자꽃,/ 니가 어디 꽃이니,/ 눈물이지.〉라고 노래하는 감자꽃은 '눈물'로서 자리한 '어려웠던 시대'의 회상적 매체로 보인다.

내 말을 그냥
가만히 들어만 주는
친구 어디 없을까.

나도 그의 말을
그냥 가만히 듣기만 하는
친구가 되고,

이빠진산
두 봉우리
그리 살고 있네.
친구야,
마을 앞 장승이 된
소학교 때 친구야.

사람이 그립다.

—「이빠진산 1」 전문

시인은 '이빠진산' 두 봉우리를 보면서 마음을 나눌 친구를 그리워한다. 「이빠진산 2」에서 〈어디 있느냐, 너는./ 때때로 내 곁, 네 자리가/ 비어〉 있음을 깨닫는다. 그리하여 〈누구와 이별하고 있는가,/ 둘이 있어도 허전한 세상〉에서 대화할 상대를 찾는다. 「녹차」에서 시인은 〈비가 내리고/ 가슴이 젖습니다./ 녹차 한 잔 어떨까요.〉라고 마음을 나눌 대상을 찾는다.

그러다가 세속에서 찾을 수 없는 친구를 자연 속에서 찾는다. 「山村 4」에서 그러한 심리를 발견한다. 〈산 속에 있으니/ 좋은 일뿐이다./ 구름은 눈을 씻어 주고, 바람은/ 귀를 씻어 준다는 말/ 참말이다./ 빛깔마다 소리마다 모두/ 깨끗하다./ 밤비 때문인가, 이슬 때문인가./ 빈둥거리지 말자. 산에서/ 시 한 수 얻어오는 일/ 밥값은 안 되지만/ 괜찮은 일이다.〉에서 갈등이 씻겨나간 시인의 내면을 유추하게 된다.

연륜이 쌓이는 것과 같이 시인은 자연 속에서 자연과 동화되고자 한다. 이는 이순(耳順)과 고희(古稀)를 지나면서 도달한 삶의 과정에서 체득한 삶의 원리로 자리한다. 이는 자연과 인간의 삶이 합일하는 경지일 터이고, 이에 따라 물아일체(物我一體)의 시심으로 승화하는 경지일 터이다.

4. 그리운 이름, 다시 보기

김명배 시인은 가치로운 문학 창작, 그리고 왕성한 문학 활동에 의하여 평생 몇몇 상을 수상한다. 품성이 결곡하여 수상에 집착하지 않았기 때문에 많은 상을 받지는 못하였지만, 그가 받은 상은 모두 순수하고 명예로운 상들이다.

1985년에는 '천안시문화상'(교육문화 부문)을 수상하는데 상에 대한 욕심이 없어 뒤늦은 경우에 해당한다. 1987년에는 '녹원문학상'을 수상하는데, 이 상은 직지사 녹원 스님께서 출중한 문인을 찾아 시상하는 제도로, 자신이 받고 싶다고 청하여 받는 상이 아니다. 1998년에는 '충청남도문화상'(문학 부문)을 수상하고, 1999년에는 '국민훈장 모란장'을 수훈하였으며, 2002년에는 제2회 문학사랑 대상을 수상하기에 이른다. 또한 2007년에는 정훈문학상 대상을 수상한다. 김명배 시인이 수상한 상은 대외적으로 깨끗한 이미지를 갖고 있으며, 대내적으로도 가치로운 상이라는 특징을 지닌다. 이는 시인 스스로 자신의 인품(人品)과 지향(指向)에 어울리는 상만을 선택하여 수상하였기 때문으로 보인다.

김명배 시인은 충청도 선비로서 평생 곧은 성품으로 일관한다. 살다가 보면, 휘어지거나 부러지기는 쉽지만, 꼿꼿한 지조를 견지한다는 것이 얼마나 어려운가를 알게 되는데, 김명배 시인의 삶을 조감해 보면 공감하게 된다. 그를 보면 욕심을 버리고 사는 삶이 아름답고 가치로워 보인다.

그는 병마로 인한 육신의 고통 속에서도 문학 창작을 쉬지 않는다. 생전에 그의 가슴에는 '아직도 울리지 않은 종소리'를 간직하고 살았다. 그 종소리를 듣기 위하여, 혹은 그 종소리를 내기 위하여 시인은 더욱 가열하게 창작의 붓을 운용한 듯하다. 그리하여 그는 〈울어라, 울어라 해도 울지 않는 鍾이여./ 울지 마라, 울지 마라 해도 울지 않는 鍾이여./ 제가 울고 싶어도 못 우는 鍾이여./ 울려 주어야만 우는 鍾이여.// 뱀이 쳐도 제 소리로 울고/ 까치가 쳐도 제 소리로 울고,/ 내가 쳐도 제 소리로 우는 鍾 하나/ 고집스런 내 가슴에 매달려 있다.〉(「鍾」 전문)고 안타깝게 고백한다. 이 고백은 바로 다음의 작품으로 이어져서 시인의 심리적 추이를 점검하게 한다.

숲은
열 굽이 백 갈래 번뇌의 품에
새를 키우고
씨를 뿌린다.
사람은
그 품에 집을 짓고
자식을 낳는다.
이름은 행복이다.
행복은
열 굽이 백 갈래 번뇌의 품에서
산다.

— 「행복」 전문

김명배 시인은 「鍾」을 울리는 것과 문학 창작의 길을 동일시한다. 그리하여 시인은 훌륭한 문학을 창작하는 것이 바로 '행복'임을 보인다. 〈열 굽이 백 갈래 번뇌의 품〉에 '새'를 키우고 '씨'를 뿌린다는 것이 '행복'의 비결임을 노래한다. 행복하기 위해 시인은 詩의 집을 짓고 〈열 굽이 백 갈래 번뇌의 품〉에서 행복하게 살고자 소망한다. 번뇌가 없으면 문학도 없기 때문에 번뇌의 와중에서 창작의 불씨를 살리며 일분일초도 헛되이 보내지 않고 시와 씨름한다.

그러면서 그는 문학 작품을 통하여 새로운 생명을 얻고자 한다. 송광사에는 '고향수(枯香樹)'가 있다. 언뜻 보면, 말라죽은 향나무에 불과하지만, 불자(佛者)들에게 있어서는 해탈의 대상으로 인식되는 나무이다. 둥치만 하늘을 향해 서 있는 나무는 보조국사가 송광사 터를 찾아 올 때 짚었던 향나무 지팡이였다고 한다. 송광사 터를 잡고 그 표시로 지팡이를 땅에다 꽂았는데, 잎이 나고 자랐다는 것이다. 그러다가 보조국사가 열반에 들자, 그를 따라 향나무도 죽었다는 것이며, 그가 재림 왕생하는 날 그 '고향수'도 다시 잎이 피고 살아날 것이라는 소망으로 지켜보는 대상이다. 김명배 시인은 이런 전설에서 보이는 것과 같은 소망을 「지팡이」에 의탁하여 표출한다.

> 깊은 산꼭대기에
> 서서 죽은 나무야.
> 죽어서도 깨어 있구나.
> 그 곧음 곁에
> 지팡이를 꽂는다.
> 뿌리 내려라.
> 죽어서도 서 있는

그 허무 곁에
또 한세상 있느냐.

―「지팡이」 전문

시인은 지팡이를 꽂지만, 그것은 시인의 소망을 심은 것이다. 화석화된 문학 작품을 통해 새로운 삶을 희구하는 간절한 내면적 단층을 보인 것이다. 지팡이를 꽂으면서 뿌리가 내리기를 바라는 시인의 소망은 바로 재림·왕생에 대한 가열한 의지의 표출이다. 그 소망이 이루어지거나, 이루어지지 않거나, 그것은 크게 문제가 되지 않는다. 시인이 소망하고, 그 소망을 실현하기 위해 지팡이를 꽂는 일, 그 작업을 통해 시인은 스스로 만족할 수 있기 때문이다. 김명배 시인에게 있어서는 '소망'을 이루어냄도 중요한 것이지만, 소망하는 그 자체에 의미가 있고 '삶의 가치'가 이루어지는 것이다.

그런데 세상은 소망한다고 모두 이루어지는 것은 아니다. 희수(喜壽, 77세)의 강을 건넌 김명배 시인은, 미수(米壽, 88세)를 지나 백수(白壽, 99세)를 향해 일신하는 마음으로 항해에 나선다. 그러나 2016년 8월 17일에 갑작스럽게 낮잠을 자듯이 소천의 길을 떠난다. 떠나기 전에 발표한 작품에서 자신의 심경을 작품에 투영하고 있는데, 미륵보살의 마음을 담아놓은 것 같다.

저녁밥 잘 먹고
친구 집에 마실 가듯
갔으면 좋겠습니다.

폐가 안 된다면
한 열흘쯤 뒤에 이웃에게
엽서나 보내면 어떨지 싶고.

고맙습니다.

반갑게 맞아주는 아름다운 초대
눈물방울만한 영혼 하나
거기 어디 쉴 곳 없겠습니까?

—「아름다운 초대」 전문

김명배 시인은 육체적 한계를 예감한 듯하다. 소천할 때를 담담하게 기다리며 남은 사람들에게 '초대시'를 쓴다. 자신은 〈저녁밥 잘 먹고/ 친구 집에 마실 가듯/ 갔으면 좋겠습니다.〉라고 소망하였는데, 현실에서 그대로 이루어진다. 햇빛도 환한 대낮에 앉았다가 일어서면서 '좀 어지럽다'고 한 후, 조용히 앉아 영면을 하였으니 그야말로 '복?'을 타고난 것이다.

시인의 결곡한 내면은 둘째 연에서 그대로 드러난다. 〈폐가 안 된다면/ 한 열흘쯤 뒤에 이웃에게/ 엽서나 보내면 어떨지 싶고.〉에서 그는 소천한 날 지인(知人)들에게 알리는 것을 피하고자 한다. 소천한 후 '한 열흘쯤' 지나서 지인들에게 자신이 작고한 사실을 엽서로 알렸으면 어떻겠느냐고 기술한다. 그 엽서에는 〈고맙습니다.〉 한 마디면 족하다고 생각한다. 사실 그 이상의 말은 필요 없을 터, 세상에서 맺은 희로애락(喜怒哀樂)의 지인들에게 전할 마지막 말이 〈고맙습니다.〉 한 마디면 넉넉하다.

그러면서 자신이 가야 할 미지의 세계를 그린다. 자신의 소천은 〈반갑게 맞아주는 아름다운 초대〉를 수용하는 것이라며, 〈눈물방울만한 영혼 하나/ 거기 어디 쉴 곳 없겠습니까?〉 염려하지 말라는 부탁을 남은 사람들에게 마지막으로 전한다. 누구는 이승의 삶을 '소풍' 나왔던 것으로 노래하였는데, 김명배 시인은 자신의 소천을 저승의 '아름다운 초대'로 인식한 것이다. 이는 그야말로 옷깃을 여미며 조심스럽게 산 거사(居士)의 삶이자, 법사(法師)의 경지를 추구함이며, 소천에 이르러 선사(禪師)의 기품을 보이고 떠난 시인이다.

* 존경하는 宜弟軒 金明培 선생님의 召天을 맞아 극락왕생을 기원합니다. 1976년에 뵙고 평생 師弟로 心結하였으니, 선생님의 哀而不悲를 본받아, 스승께서 떠나신 뒷일을 아름답게 마무리하겠습니다.

| 의제헌(宜弟軒) 김명배(金明培) 시인 약력 |

1. 생년월일

- 1932년 8월 20일(음력)
- 충남 천안시 동남구 목천읍 동평리 141번지에서 출생
- 2016년 8월 17일(양력) 소천

2. 학 · 경력

- 천안농업고등학교 졸업
- 공주사범대학 국문과 졸업
- 중등학교 교사, 대학교 교수
- 1999.2.28 안성산업대학교(한경대학교) 교수 정년퇴임

3. 문단활동

- 1953~1955 백양문학회, 능수문학회 창립회원
- 1954~1958 과수원시회 창립회원
- 1956~1958 호서문학회 2집부터 회원
- 1956~2016 한국문인협회 충남지부 회원
- 1958~1959 백수문학회 회원
- 1973.01.01 〈현대시학〉 추천 완료 등단
- 1973~1975 천안문인회 회원(회장 역임)
- 1973~2016 한국시인협회 회원(자문위원 역임)
- 1975~2016 한국문인협회 회원(인권위원 역임)

- 1977~2016 도가니문학회(문학사랑협의회) 고문
- 1987~2016 국제펜클럽 회원(자문위원 역임)
- 1975~2016 한국문협 천안지부 회원(창립 지회장 역임)
- 1984~1990 시울림회 회원(대표 역임)
- 1989~1991 곰나루문학회 회원(부회장 역임)
- 1987~1994 서세루시 동인 및 추천위원
- 1991~1995 월간 〈충남저널〉 논설위원
- 1992~2016 문학전문지 〈자유문학〉 추천위원
- 1993~2016 문학전문지 〈해동문학〉 편집위원
- 1993~2001 문학전문지 〈오늘의문학〉 편집위원, 심사위원
- 1994~2016 천안시인회 고문
- 2000~2016 가시나무시회 고문
- 2002~2016 문학전문지 〈문학사랑〉 편집위원, 심사위원

4. 문학 저서 발간

- 1993 시집 『청동색 음성』 고려출판사
- 1975 시집 『둘째의 공간』 고려출판사
- 1982 시집 『바람아 바람아』 고려출판사
- 1986 시집 『소리가 있는 풍경』 혜진서관
- 1992 시집 『사랑하기 없기』 시세계
- 1998 시선집 『또 한세상 살고 한세상 또 살고』 오늘의문학사
- 2001 시집 『이 빠진 산 두 봉우리』 오늘의문학사
- 2002 시전집 『김명배 시전집』 오늘의문학사

* 2002 『김명배의 시와 삶』(리헌석 한성우 편저) 오늘의문학사

- 2015 시집 『달팽이 외나무다리 건너기』 오늘의문학사
- 2006 시집 『산도 너스레를 떠는가』 오늘의문학사
- 2011 시조집 『몸 밖에 마음 두고』 오늘의문학사
- 2010 시집 『발 그리기』 오늘의문학사
- 2016 시선집(천안사랑 시선집) 『천안 홍타령』 오늘의문학사

5.수상 경력

- 1985.10.08 제2회 천안시 문화상(교육문화)
- 1987.02.10 제7회 녹원문학상
- 1998.12.11 제42회 충청남도 문화상(문학)
- 1999.02.27 국민훈장 모란장(대한민국)
- 2002.07.13 제2회 문학사랑 대상(문학사랑협의회)
- 2007.12.07 제5회 정훈문학상 대상(충청투데이)

'천안사랑 시선집' 발간 후기

존경하는 고(故) 김명배 선생님의 명복을 빌며, 옷깃을 여미는 마음으로 '천안사랑 시선집' 발간에 따른 선생님의 '인사말씀'을 대신 전합니다.

2015년에 뵈었을 때, 건강이 좋지 않음을 예감하신 듯, 천안 토박이로서 천안에 대한 시를 묶어 시집을 발간하고 싶다는 말씀을 하셨습니다. 일부 작품의 제목을 수정하시거나, 일부 작품은 부제를 새로 붙이셨고, 어떤 시는 일부 다듬어 주셨습니다.

그 중 '천안 홍타령'은 어느 문학지의 청탁에 의해 송고한 작품인데, 수록지를 받지 못하여 멸실되었다면서, 기억을 더듬어 작품을 재구성하였기 때문에, 후일 원문이 발견되었을 때 똑같지 않을 수도 있다는 말씀을 하셨습니다.

선생님의 소천 이후, 우두망찰 두서를 차리지 못하고 있었는데, 이진학 사모님의 부름과 말씀을 받들어 '천안사랑 시선집'을 준비하였습니다.

이미 발표한 시집의 시, 유고작품 등을 망라하여 천안과 관련한 작품을 선별하였습니다. 첫째로 제목이나 부제목에 천안의 지명이 들어간 작품, 둘째로 천안의 지명이 시에 인용된 작품 등 100여 편 중에서 80편을 선별하였습니다. 셋째로 천안에 뿌리를 내린 가계의 어르신과 가족들에 대한 작품 20편을 더하여 100편으로 최종 편집하였습니다. '서시'를 합하면 101편이 됩니다.

선생님의 자상한 지도말씀을 듣지 못한 채 시집을 발간하려니, 더욱 어렵고 두렵습니다. 이진학 사모님, 김구슬 따님, 지미경 시인, 세 분이 교정을 보느라 수고하셨습니다. 그러나 선생님 소천 1주기 2017년 8월 17일에 맞추어 발간하기로 하였으매, 크고 작은 허물은 온전히 저의 몫입니다.

평소 선생님께서 말씀하신 분들과 가족의 뜻에 따라 선생님의 '천안사랑 시선집'을 나누어 읽겠습니다. 선생님의 극락왕생을 기원하며, 재삼 옷깃을 여밀 뿐입니다.

2017년 7월

문하생 **리 헌 석** 삼가 올림

천안 흥타령

김명배 시선집

발 행 일 | 2017년 7월 17일
지 은 이 | 김명배
발 행 인 | 李憲錫
발 행 처 | 오늘의문학사
출판등록 | 제55호(1993년 6월 23일)
주　　소 | 대전광역시 동구 대전로867번길 52(한밭오피스텔 401호)
전화번호 | (042)624-2980
팩시밀리 | (042)628-2983
전자우편 | hs2980@hanmail.net
카　　페 | cafe.daum.net/gljang(문학사랑 글짱들)

공 급 처 | 한국출판협동조합
주문전화 | (070)7119-1752
팩시밀리 | (031)944-8234~6

ISBN 978-89-5669-834-2
값 12,000원

ⓒ김명배. 2017

* 이 책은 교보문고에서 E-Book(전자책)으로 제작하여 판매합니다.
* 잘못 제작된 책은 바꾸어 드립니다.

이 도서의 국립중앙도서관 출판예정도서목록(CIP)은 서지정보유통지원시스템 홈페이지(http://seoji.nl.go.kr)와 국가자료공동목록시스템(http://www.nl.go.kr/kolisnet)에서 이용하실 수 있습니다. (CIP제어번호 : CIP2017016769)

그리움은
별빛에 실려

그리움은 별빛에 실려

초판 1쇄 발행 2025년 12월 29일

지은이 김시복
펴낸이 장길수
펴낸곳 지식과감성#
출판등록 제2012-000081호

교정 이주연
디자인 김희영
편집 김희영
검수 정은솔, 이현
마케팅 김윤길

주소 서울시 금천구 벚꽃로298 대륭포스트타워6차 1212호
전화 070-4651-3730~4
팩스 070-4325-7006
이메일 ksbookup@naver.com
홈페이지 www.knsbookup.com

ISBN 979-11-392-3012-3(03810)
값 12,000원

• 이 책의 판권은 지은이에게 있습니다.
• 이 책 내용의 전부 또는 일부를 재사용하려면 반드시 지은이의 서면 동의를 받아야 합니다.
• 잘못된 책은 구입하신 곳에서 바꾸어 드립니다.

그리움은 별빛에 실려

글, 그림 — 김시복

자화상#

차 례

그리움은 별빛에 실려 1부

그리움은 행복에 실려 2부

그리움은 추억에 실려 3부

그리움은 자비에 실려 4부

머리말

10대 시절 시인이 되고 소설가가 되고 싶은 마음을 안 가져본 청춘이 있을까? 그 시절에 썼던 일기장은 찾을 수 없었다. 기억을 더듬어 보면 방황도 하고 풋사랑도, 짝사랑도 해보고 게다가 꼬임을 받았던 추억도 떠올라 오래된 책장을 살펴보니, 조그만 단서가 보였다. 색이 바랜 대학노트다.

1972년 11월 28일부터 무엇인가 쓰고 싶은 마음이 들어 대학노트 파지에 글을 쓰기 시작한 듯하다. 작문 기법도 배운 적이 없고 책을 통해 배운 바도 없이 마음에 느껴지는 글들을 메모 형식으로 적었던 글 모음을 정리하고 싶은 마음에 뒤적여 보았다. 졸시(拙詩)들이지만 과거를 회상하게 하는 글들을 나름대로 정리하여 시간이 많이 흘렀지만 되고 없이 인쇄물로 남기고 싶은 욕심이 생겨났다.

두세 편 끄적대다가 나름대로 글 쓰는 방법에 대해 스스로의 생각인 듯한 것과 지금은 기억에도 없는 작문에 관한 책에서 옮겨 적어 놓은 것도 눈에 띄었다.

책 이름은 기억나지 않으나 다음과 같다.

주제 '4계절'

봄: 만물의 생동, 서서히 아침 안개 개이듯

여름: 소낙비의 시원스러움

가을: 서정적

겨울: 설경, 햇빛에 반사되어 화려한 피날레, 황량한 사막과 같이 쓸쓸하고 외로움, 경이에 찬듯함

또한,

1) 작문: 어떠한 사실을 남에게 전하는 것

시: 느낌이 중요하다, 쓸쓸한 느낌, 슬픈 느낌 등이 엉켜서 한 편의 시가 된다.

동요: 어떠한 율식에 맞춘다, 동요란 느낌을 밖으로 구슬려 노래로 풀어 보는 것이다.

동시: 느낌을 안으로 모아 생각하고, 살피는 마음이다.

2) 느낌을 나타내는 글을 써라

〈눈 굴리기〉의 '데굴데굴 굴려라'이 대목은 즐거운 어린이 마음이 얼마나 우쭐댐이냐 덩지 큰 눈덩이는 좀처럼 데굴데굴 구르지 않는다. 그러나 마음이

즐겁기 때문에 그와 같이 느껴진다.

이는 아마 작문에 관련된 책에서 옮긴 듯하다.

지속적으로 작문에 대한 관련 서적을 접하지 않았음이 지금에 와서 돌이켜 보니 아쉬움이 남는다.

시를 쓴 날짜들은 원본에 간간히 써놓은 일자가 있는 것과 다행히도 원작에 페이지를 써놓았기에 날짜가 없는 것은 추정하여 적었다.

10대를 거쳐 20대의 삶에서 느끼고 고뇌했던 소회들을 담고 싶었던 짧은 글들과 이순을 훌쩍 넘긴 삶의 여정에서 개인적인 많은 아픔을 겪은 시기에 쓴 슬픔과 그리움과 마음 추스르는 졸시들을 묶어서 부끄러움을 마음에 가득 담고 과감히 출판을 시도해 본다.

2025. 10. 김 시 복 씀

그리움은
별빛에 실려

1부

님 생각

님과 함께 걷던
그 길은 변함없는데
오늘은 홀로 걷는다.

함께 보던 갈참나무 숲도
같이 쉬던 쉼터도
변함없건만

홀로 걷는 이 길은
낯설고 쓸쓸하다.

뒤에 남는 갈참나무는
흐릿해져 가고

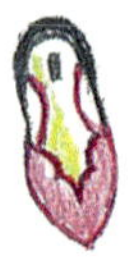

흙 내음, 풀 내음,
이름 모를 꽃 내음에
섞여 있던 님의 감미로운 향기는
허공으로 흩어져 사라진다.

새들의 지저귀는 소리와 함께하던
님의 다정한 속삭임도
멀어져 간다.

길은 변함없건만
세월 가듯 생각이 갈리어
홀로 걷는 이 길은
좁아지고 어두워지며 다가온다.

어두운 길을 홀로 걸으며
행여나 님의 소리 들릴세라
귀 기울여 본다.

2023. 06. 19.

금계국 핀 들

들에 핀 금계국
수줍음 품고
하늘로 꽃잎을 활짝 열었다.

노란 물감을 뿌린 것 같은 꽃들은
물결치는 냇물에 햇살이 튀어 오르듯
노란빛들을 사방으로 뿜어낸다.

하얀 나비와 노랑나비들
꽃 사이를 팔랑대며 날고
꽃과 나비를 바라보며
노랗게 물든 나는
나비인 듯 꽃잎인 듯
온 들을 자유로이 노닌다.

상쾌한 기분은
바람에 실려 널리 퍼져가고
꽃에 취한 나비들
서로를 찾아 날아다니는
금계국 활짝 핀 들에
생기 넘쳐흐른다.

생기 가득한 세상의 근본은
사랑이라!
사랑은 거짓과 꾸밈이 없는 순백이니
사랑은 가장 순수하고 자연스러운
질서인 것이다.

무와 공에 가득 채우려
혼돈과 원한이 생겨났으나
사랑이 혼돈과 원한을 불사르고
질서를 세웠다.

꽃은 크기가 다를 뿐 형상이 같으니
질서이며 사랑인 것이다.

사랑이 없으면
꽃잎 하나도 열 수 없고
꽃향기를 실은 나비의 날갯짓도
할 수 없으니
사랑만이 상쾌한 기분을 바람에 담아
널리널리 보낸다.

들에 핀 금계국

노란 꽃잎을 활짝 열고

온 들 가득 거침없이 사랑을 쏘아 낸다.

2023. 06. 03.

별 이야기

오늘은 밤하늘이 보고 싶어
들에 나가 앉았습니다.

더없이 맑은 밤하늘에
밤이 깊어 갈수록 별은 많아지고
더욱 반짝입니다.

별은 저마다의 이야기들을 가지고
반짝입니다.

희로애락을 자기들의 추억에 담은
많은 이야기들이 별빛을 타고
쏟아집니다.

사랑이 변했다 하여 만들어진 사연들이
가장 많습니다.

사랑이라고 여겼던 감정들이
본모습을 드러낸 것일 뿐
사랑은 변하지 않는 것이라고
생각합니다.

순간에 다가온 사랑이
운명이 되어버린 사랑은
변할 수 없습니다.

첫사랑은 운명이 된 사랑에
많은 영향을 끼쳐
잊히지 않고
이따금 떠오르니까요.

이제 나의 이야기를 들여다봅니다.
철없던 어린 시절
발가벗고 멱 감고 놀던 개울가
암자에 열린 복숭아 서리 들켜 도망치던 일

첫사랑이라 부르기도 민망한
젊은 날 지나쳐간
여자 친구들과 만남의 시간들

그리고 나는 이 밤
추억을 더듬어 나를 보고 반짝이는
운명의 별을 찾아봅니다.

아직 철이 들지 않았나 봅니다.

아직 운명이 된 사랑과 만나지 못했나 봅니다.

나를 보고 반짝이는 별이 보이지 않으니까요.

내일 밤에도

밤하늘을 보러 나와야겠습니다.

어쩌면 사랑이 올 때까지

나와야 할지 모르겠습니다.

2023. 07. 17.

님네 사랑

마파람 타고 온 벗님네
삶을 휘감는 님네 사랑
손을 저어도
눈마저 가리는
애타는 님네 사랑이여

주무셔도 좋소이다.
외면을 하여도 좋소이다.
곁에 있어만 주신다면

울고 싶은 마음인데
울음을 말리는 사랑이여
사랑은 주는 것이오.
받는 것이 아니라오.
님네가 있어만 주신다면

1975. 05. 21.

기적 소리

어릴 적 멀리서
들려오는 기적 소리
늘 마음에 슬픔을 주었다.

'빼~액'
기적 소리
이제 보내야 하는 체념 담기고

'치익~폭'
하늘로 솟구치는 검은 연기에
마음마저 쿵 내려앉는다.

시커먼 철판을 뒤집어쓴
기관차는
속절없이 어서 가자 하니

'끼~익'
마지못해 구르는 바퀴에
이별의 슬픔과
다시 보고픈 간절한 마음 담았다.

2023. 06. 21.

아련한 추억

새벽 동쪽 하늘
천지를 가르며 광활히 퍼져가는
황금빛 햇살이 이 내 몸 감싸안을 때

지난밤 지새며
간절한 그리움과 지극한 정 담아
한 올 한 올 빚은
햇살들이 온몸으로 스며든다.

햇살 햇살마다 희망과 기쁨과 즐거움…
그리고 슬픔과 애잔함이 담겨져 있다.

마음에 차오르는 그 햇살들이
어울리며 변치 않는 삶을 만듦이
언제나인 줄 알았다.

푸른 하늘을 보며
함께 흘러가던 계곡물이
중앙께 앉은 작은 바위를
돌아 나갈 적에
이제는 따로 가자며 멀어져 간다.

이제껏 많은 바위 돌아 나와
저만치 앞서간 님
서둘러 따라갈 때

닿을 듯 끝없이 펼쳐진
눈이 시리도록 푸른 하늘도,
두 손으로 담아 가슴 가득 품고 싶던
하얗게 핀 새털구름도,
반짝이며 쏟아지는
밤하늘 별들도
못 보고 지나쳐 왔단다.

이제는 되돌림도 차마 하지 못한 채
아련한 추억이 되어가는
흐릿한 시간들은
늦은 밤 커져가며 무심히 흘러가는
시계 소리에 묻혀간다.

맞대고 부대끼며 쌓았던 옛일들은
흘러드는 물살에
하릴없이 무너지는 모래성이었다.

2023. 04. 13.

회상

구름은 갈라져
바다와 맞닿다.

가느다란 숨결엔
고요히 울렁일 뿐이다.

가빠지는 숨결에
자기를 잃게 되어

거치른 숨결이
바다를 세워도
하늘은 닫힙니다.

미치도록 울고 싶은 나는 너를 저주할 용기가 없었고
시간만이 나를 위해주는 가장 안일한 벗이 되어 주었어.
그 후론 나에게 여백의 시간이 주어지면 안 되게 되었지

지금도 너를 잊지 못하고 틈이 생기면 너를,
잊어버린 네가 내 마음을 자리 잡는 것이었어

그날도 오늘처럼 이슬비가 내렸었지
너는 내게로부터 멀리 사라져 버렸지

나는 눈물과 빗물로 가리워져
희미하게만 보이는
너를 일그러진 육체마저
안 보일 때까지 서 있었지
그 후로 나는 생각을 말기로,
이미 옛일은 돌이키지 않기로…

그런데, 그런데 이렇게 이슬비가
소리 없이 오는 날이면
더욱더 생각나는 너였기에
오늘도 생각지 말기로 한 너를 생각, 후후
생각보다는 잊어버린 네가 떠오르는구나

이슬비가 너를 내 곁으로 내가 네 곁으로
가 있게 하는 것만 같아 과거를 잊고
너를 생각하면서 울고 싶은 이 마음을
다소나마 달래 보는 것이다

영, 그립구나.
그땐 너의 웃는 얼굴이 가장 아름다웠어

1974. 01.

나무

나무는
꽃봉오리 맺을 때까지
지난한 겨울 보냈음을
내색하지 않다가

꽃봉오리 열고
화려한 꽃과 향긋한 향기로
세상을 채운다.

차고 나면 기우니
꽃의 자태와 향이 다할 즈음
나뭇잎은 살며시 나오고

하루가 다르게
자라고 치장하여
서로 부비며 생동감을 맛본다.

나무는
비바람을 거스르지 않고
흔들리며 나뭇잎을 적시고
눈이 오면 오는 대로 쌓아 놓는다.

나무는
매일이 변덕스럽고
계절이 변하며 고난을 주어도
불평을 내색하지 않는다.

오히려
넘치는 가지들을 버릴 때
온전함을 가질 수 있음을
계절을 숱하게 보내어 알고 있다.

꽃이 피고 지고
잎새 돋아나는 섭리에
오롯한 나의 공로는 티끌이고
세상 모두의 조화로운 도움이었음을

나무는
계절을 무수히 보내어 알고 있다.

2023. 06. 10.

천년의 꽃향기

겨울 끝자락 삭풍은
꽃씨를 남기고 갔다.

시간이 지나며
꽃씨에 향기가 채워지고

기다림이 여물어 꽃잎을 여니
세상이 화사해진다.

새벽 여는 햇살처럼
꽃향기가 퍼져 나가면

천지 가득한 꽃향기를
바람이 실어 나른다.

라일락꽃은
콩닥콩닥대는 마음 감추는
수줍은 연인들의
달콤한 향기를 남기고

조팝나무는
작은 꽃잎들을 줄줄이 세워
상큼한 향기를 남긴다.

바람이 나른 향기가
내 몸에 스며들면
상쾌한 웃음이 절로 피어난다.

삭풍이 두고 간
꽃씨에 담긴
아주 작은 향기는

세상을 채우는
꽃 향 만들러
천년을 보냈으리라.

님과 함께
꽃향기 사이를 거닐면
천년이 길손가?

2023. 06. 15.

정

사랑은 기쁨이요
이별은 슬픔이지만
정은 아픔으로 다가온다.
사랑과 미움이 정에 섞여있음이다.

같이한 시간들을
도려낼 수 없는 것이다.
기쁨만이면, 슬픔뿐이면
잊을 수 있으련만
정은 사랑과 미움이 함께하기에
돌아서는 정은 아픔을 남긴다.

시작은 사랑이었고
시간이 정을 가져왔다.
아픔의 무게가 다른 것은
주고받은 정의 헤아림이 달랐음인가?

이른 아침 찬란한 햇살에도
밝음만이 보이진 않는다.
즐거움과 행복에 겨워 끊임없이 찾아 돌며

하늘을 나는 새들의 지저귐에도
기쁨만이 들려오진 않는다.

서산마루에 머물며
온 하늘을 붉게 물들인 석양은
하늘 가득
이별의 슬픔을 벌겋게 뿌려 놓고
마음 가득
정을 끊는 새로운 아픔을 남기고는
무심히 저물어 간다.

2023. 03. 09.

사랑

등에 진 모두가
사랑인 줄 알았지요.

매일매일 가슴에 채운 것이
사랑인 줄 알았지요.

사랑은 하나로도
세상을 채울 수 있지요.

모든 것 다 버려도
사랑 하나면
전부를 가진 것이지요.

오늘도 사랑인 줄 가져온 하나를
저녁에 보면
욕망과 탐욕이라 깜짝 놀라지요.

이제는 담지만 말고
좋은 것부터 미련 없이 버려야
사랑을 볼 수 있지요

세월이 지나고 지난 후
뒤늦은 깨달음은
늘상 일어나지요.

2023. 07. 04.

비 오는 날

후두둑
굵은 빗방울이
열기에 지쳐 졸고 있는
나뭇잎을 두들기더니

싸~아
이내 거센 빗줄기 되어
땅 위로 빗물을 튀게 하며
대지마저 깨우면
흙 내음 섞인
습한 대기가 피어오른다.

싸~아
줄기차게 내리는 빗소리
아득한 옛날
고향집 대청마루에 앉아 듣던
모든 시름을 실어 간 소리다.

오늘도
그날처럼 들리는 빗소리

하찮은 근심, 걱정 모두 담아 가니
내 마음은 평온해진다.

지루한
맑은 날들에
메마르던 대기와 대지는

먹구름이 가져온
빗줄기에 촉촉이 젖어지며
막혀 가던 숨길이 열려 간다.

숨길 여는
소중한 생기는
먹구름 속 깊이 담겨져 있었고

먹구름 지나간 뒤
하늘과 땅과 그 모든 공간은
더없이 청명하고 촉촉하게 반짝이니

마음속
드리워진 삶의 걱정들은
어두운 구름의 겉모습일 뿐

세파의 고뇌들도
미혹이 불러온 하찮은 티끌로
빗줄기에 씻겨나는 먹구름의 꺼풀일 뿐

2023. 07. 02.

초심

창문 열고 내다본
버드나무 잎새 끝에
대롱거리는 이슬방울

모든 것을 투과시키며
되반사시키는
청초한 너

순간 속에 사라져 가는
순결함의
결정체여

손 한 움큼 머금고
오욕을 씻기우고저

1978. 05. 12.

(주) 시상: 주변인에게서 영향받지 말고 자신만의 삶을 살아가자는 다짐 속에서 쓴 글.

그리움

보고 싶은 얼굴들이 떠오른다.

밤하늘 별들 하나하나를
정에 엮어서 주고 싶은 사람들.
그리움 가득한 사람들.
사랑했던 사람.
잊혀져 가는 사람.

가장 소중한 것을 주어도
아깝지 않았던 사람이
떠나가던 날

멀리서 반짝이는 호수의
잔잔한 출렁임 속에서
모래알만큼이나
주고 싶었던 정을

물수제비 띄우며
맑은 웃음을 날리던 날이
이제는 과거라는
두 글자로 대신하는구나

완숙함을 보여 주고자 했던
가식 때문이었나?
설익은 정이 있었나?
인연이 닿지 않았기 때문인가?

다정도 병이었나?
그리움은
이리도 깊은데

1978. 09. 08.

(주) 시상: 그리운 사람들을 회상하며 쓴 글.

별과 추억과 그리움

별빛 흐르는 하늘에
추억이 있고
그리움이 있고
소망이 담겨있습니다.

아스라이 먼 하늘에
보고 싶은 얼굴과
님과 나눈 이야기들과
님과 함께 바라본
정경들이 보입니다.

멀리서
별이 보내오는 이야기에
많은 시간들이 섞여있어
추억을 마디마디 이어갑니다.

멀리서
별이 보내오는 정경에
그리움이 하늘 가득하여
작은 내 가슴은
보고픈 마음으로 미어집니다.

서로를 보며 주고받은
다정한 눈빛과
다시 같은 곳을 보며
행복을 빌던 추억을

별빛에 담아
전해지길 소망하지만
별은 너무 멀리 있습니다.

별이 담긴 하늘에서
추억과 그리움이 별빛 타고
내게로 오지만

별은 아스라이 멀리 있어
보고 싶은 소망은
힘 잃은 작은 빛 되어
마음에만 남았습니다.

2023. 07. 04.

그리움은
행복에 실려

2부

농심

한 아기가 있었습니다.
아침 햇살에 미끄럼 타고 와
손짓하는 아지랑이와 놀았어요.
웃고, 울고, 넘어지고
일어나니 혼자였어요.

손 망원경으로 보았어요.
아! 보인다, 보여
어! 그런데
움직이지 않네.
잠자나?
뛰어가 깨워 함께 날아갔어요

높이 하늘로 올라갔더니
엄마가 보이네.
엄마! 누나야!
왜 두리번거릴까?

나비와 집에 갔어요.
엄마!

누나가 쫓지 않겠어요.
나방이라고
아이는 막 울었어요.

엄마가 방으로 과자를 갖고 왔어요.
먹다가 누워 있으려니
문간에 쫓은 나비가 있는데,
몰래 불러 노는데,
과자도 다 먹고,
장난감도 혼자 전부 놀잖아요.

같이 놀자니까
호랑이 얼굴로 쳐다보지 않겠어요.
히잉, 엄마! 엄마야!
아기는 깜짝 놀라 깼어요.
웃고 있는 엄마 품으로 뛰어들었죠 뭐!

1975. 08. 25.

생의 찬가

창문으로 들어온
이른 아침 밝은 햇살의
따스한 손길에 깨어나

지그시 눈을 감고
새벽 공기 깊게 들이쉬니
온몸이 상쾌하여

문을 나와
뜨락과 들을 지나
숲을 향할 적에

뜨락 풀잎에 맺힌 이슬이
발을 적셔
마음이 싱그러워지네

들에 핀 나팔꽃
이슬 굴리며 방긋 웃어
눈인사 한 차례 더 보내고

하얀 토끼풀꽃 사이사이
붉은 토끼풀꽃들
토끼가 앞발로 세수하듯
비비며 나를 바라보아
잠시 앉아 쓰다듬어 준다.

너른 들에
흰 눈처럼 펼쳐진
작은 개망초꽃들
앞다투며 반갑게 인사하여
나도 양팔을 힘껏 흔들어 답한다.

이름 모를 꽃들과
안부를 주고받으며
숲길로 들어서니

작은 떡갈나무, 물푸레나무
밤나무, 자작나무들이
반가이 맞아주고

나뭇가지 사이로
비쳐지는 햇살이
숲속 공기를 가로질러
옅은 안갯길을 켜켜이 세워
숲 길가 낮은 풀잎까지 닿는다.

짹짹~~, 뾰롱뾰롱~~
새들의 재잘대는
마중 소리 들으며
신선하고 촉촉한 길
가벼이 걸어가면

포~롱, 포~로~롱
새들이 날아올라
숲속은 남은 잠에서
마침내 온전히 깨어난다.

아!
얼마나 찬란한 아침인가?

아!

천지 모든 것이

너를 보고

생을 찬미하며

행복하게 살아가라 하지 않는가?

2023. 07. 05.

행복

인생의 의미를 찾지 마라
누구도 알려줄 수 없으니까.
그러하니 하루하루를 만족하며 살아가라
행복의 어머니는 만족이다.

너에게 주어진 시간은 신만이 아신다.
아침에 눈이 떠지면 오늘도 신께서 나에게
하루를 허락해 주셨음에 감사하고 만족하며 열심히
살아가라.

하루를 마감하며 잠들 때 오늘 열심히 하지
않았던 것을 돌아보고 또 돌아보아
신께 용서를 구하라.

내일 다시 눈을 뜰지는 신께서 정하신다.

2023. 04. 15.

이팝나무 꿈

4월 하순 날
한낮의 게으른 햇살이
산들거리며 불어오는 마파람에 실려
이팝나무 가지 사이로 스며나갈 때

이팝나무는
쑥설기처럼 연녹색과 하얀색이
얼기설기 뻗어진 가지들을 물들이고
옹글진 채로 살랑살랑 흐늘거리고 있다.

몇 날이 깜박 지나간
5월 초순 어느 날
문득 올려다본 나무 위 둥지는
온통 새하얀 쌀가루를 뒤집어썼다.

바람이 불시면
하얀 꽃잎들이
온 천지 허공을 눈꽃같이 반짝이며 흩날려
내 온몸을
머리부터 하얗게 물들여 간다.

그렇게 하얀 공간에 갇혀
나를 잊고, 너를 잊고,
모든 시름을 털어버리면
나는 하얀 공간을 둥실 떠올라
나무 위 둥지에 내려앉는다.

그곳에서 쉼 없이 솟아
뭉게구름처럼 퍼져 나가는
하얀 꽃잎들을 바라보는 어느 사이
나도 꽃잎에 얹혀 저 멀리 날아간다.

마음을 비우면
이렇듯 자유로운 것을
꽃이 자기 맘껏 피고 난 후 제 몸 날려 보낼 때
이제는 숨은 잎새 너의 차례임을
꽃도, 잎새도 알고 있다.

움켜쥔 모든 것이
내 해가 아니었음을
써야 할 때 올곧은 것이 아니 보임에서 알아채
때늦게 내 것, 네 것 부산스레 털어 보낸다.

하늘을 노니는
청홍빛 비익조 깃이 하얗고 가벼운 것은
나를 비운 마음에 너를 담아야
꽃 같은 사랑이 행복이 되는 것임을
내 머리가 이팝나무꽃처럼
하얗게 센 후에야 알았다.

2023. 05. 03.

(주) 시상: 4월 말 문경선유동 계곡 관광 후 문경점촌점빵 가는 길에 이팝나무 가로수가 하얗게 꽃 핀 광경을 보고 지은 시.

나의 길

찬 겨울
고이고이 보듬은 꽃씨는

새봄
들과 산에 꽃밭 여니

꽃잎과 향기에 빠져든
벌과 나비들은 꽃밭에 산다.

들과 산을 가득 채운
화사한 꽃잎과 향긋한 꽃향기는

탄성 받음도 잠시
꽃잎은 꽃비 되어 떨어지고
꽃향기는 바람 되어 날아간다.

꽃비 되고 바람 되어
사라짐을 서러워 마라.

꽃잎이 떨어져야
열매가 맺히고

날아간 꽃향기는
열매 속 달콤한 향 된다.

2023. 07. 09.

가을 회상 秋念

가을에 던지는 글
누구나 좋아하는 네가 돌아왔구나.
나도 네가 좋아 몇 마디 던지마.
모든 것이 너의 도움으로 완전함을 이루어 가고
善으로 넘어간다.

한 점을 찍으면 완성될 한 폭의 그림이다.
널 두고 사랑의 계절이라 부른다.
완전함을 이루어 간다는 것은 종말을 뜻한다.

새출발도, 새 희망도, 새로운 기회도 없고
험악한 경지에 대한 새 도전만이 있어 모두가
서글퍼질 때 너를 이만큼 아는 그 누구와
사랑을 주고받을 수 있기에

1973. 10.

숲속의 아침

이슬에 반사된 빛줄기가
아침을 품고 왔다오.
그래서 숲속은 새벽안개 개키며
가벼이 설렌다오.

조그만 입으로 하품하며
새들의 아침 인사 소리
퍼지면

풀잎은 이슬을 굴리며 세수하고
숲속 여왕 샘물은
퐁퐁 솟는 미소로
숲속 축수를 한다오.

이읔고 잠자던 골물이 깨어나면
맨 먼저 토끼가 와서 입 맞추고 아기 노루,
사슴, 꾀꼬리, 종다리, 뻐꾸기
앞다투어 인사하지요.

1975. 07. 29.

나비

꽃은 바람을 빌려
산들산들
자태를 바꾸며 유혹하니

나비는
이 꽃, 저 꽃
분주하게 탐하며

널리 피어있는
모든 꽃들이
부르는 손짓에 호응하여

팔랑팔랑
숨 가삐 날면서

바람이 가져온
꽃향기에 취(醉)해
쉼 없이 꽃을 취(取)한다.

바삐 날다가
꽃 하나 취(取)하여
날개 접고 앉아
짝 찾아 둘러보니

저만치 앉은 짝은
긴 숨 내쉬며
여기 있으니 안심하라고
날개를 접었다 폈다 한다.

2023. 07. 06.

별이 된 그대

그대 이제
별이 되어 멀리 있어서
오히려 밤이 친숙해졌습니다.

멀리서 보내오는
이야기에 귀 기울여 듣습니다.

'나는 잘 있으니 그대 부디 잘 지내라고'

오늘 얼굴에 부드러운 미소가 보여
더없이 반가웠습니다만
미소 속에 슬픔이 있어 물어봅니다.

'그대와 지낼 때 사랑한다는 말
자주 듣지 못하였으나 사랑을 느꼈었다고,
하지만 늘 듣고 싶었노라고……'

별이 되어 멀리 있는
그대에게 뒤늦게 보냅니다.
'그리움이 깊어,

많이 보고 싶고……, 많이 사랑한다고,
지금도 변함없다고……'

그리고, 또 전합니다.
'이곳에 있는 나는 잘 지낼 터이니
그대 제발, 슬픔 거두고 잘 지내요'

2023. 07. 06.

친구여

보세요!
세월이 이렇게 빠를 줄
정말 몰랐어요.

어릴 적 친구
다섯이 모여 술잔을 부딪치며
"이제야 우리 나이 합하면
150살이 넘는다."
낄낄대던 것이 엊그제 같은데

요즈음은
조용히 술잔 들고
"크~흠, 우리 나이 다 더하면 벌써
330살이 넘는군." 하네요.

얼마 후엔
커피숍 한적한 안쪽에 앉아
"에~휴, 이젠 한 친구는 볼 수 없어도
330살이 넘는군." 할 테지요.

보세요!
세월이 이렇게 빠른 걸
이즈음엔 매일매일 느끼지요.

지금 당장 친구들에게
전화 넣겠어요.

"친구들아, 이번 주말 얼굴들 보자,
안 나오면 2차는 네 집이닷!"

2023. 07. 06.

유혹

거센 바람과 황사가
소용돌이치는 벌판에
던져져 있는 자신을
어떻게 헤집고 나가서
물과 옥토가 널려 있는
기름진 땅으로 도달될 것인가

한 손에는 나팔을 들고
한 손에는 채찍을 들고
유혹의 손길이 활개 치는
한 손을 가혹하게 채찍으로
내리쳐야 할 것이다.

잠시의 고통을 이기지 못하고
영원한 괴로움을 맛볼 것인가!

1978. 05. 14.

(주) 시상: 지혜를 갈구하는 맘으로 쓴 글. 정신적으로 가물어 한줄기 소나기가 내리길 늘 바랐고, 그즈음 전국에는 가뭄이 심한 상태였음.

이별

떠나는 당신은
이미 당신이 아니기에
이토록 움직일 줄 못 하나 보오

정녕코
떠나시려거든
달래며 재워 주고 가소서
함께 잠 못 들어
꿈에나마 붙잡게

임이시여!
임을 여의는 설움이 저린데
나의 눈 또한 빛을 잃나이다

실(絲)은 삼키는 울음마다 꿰어지니
하나하나 끊고 가소

웃음 없는
교태 없는
말마저 없는
어둠과 벗하며 잊겠소.

1973. 08. 03.

기도

아침을 여는
성당의 새벽 종소리
먼 산 돌아와 나를 깨울 때

어머니의 새벽 기도 소리에는
성모마리아님 존체 함께하시네.

주님 되시려 대못 세 개 박히신
아들 예수님 바라보시는
성모님의 가슴은
성부, 성자, 성령
아홉 개 큰 못 박히셨네.

인성으로 인하여 받는
심장을 도려내는 육신 고통을
아들 예수님 잉태에 순종하시듯
돌아가심도 순종하시네.

'내 아들, 주님 뜻대로 되게 하소서.'

삶의 의미 찾을 촌각의 시간도 없이
매일이 고통과 고생으로 한이 가득하신

새벽 어머니 기도 속에 당신 것은 없으시네.

신성마저 받은 이 몸
인성 좇아 육신의 유혹에 따라 살아
어머니 가슴에
어제와 같이 오늘도 대못 박네.

어머니 가슴은
벌집 되고 되어 휑하니 비었으리라.

'내 아들, 주님 뜻대로 살게 하소서.'

부족함 아셨고
남 앞에 드러냄 없이 평생을 사신
어머니!

내 안의 금수 같은 인성
신성으로 감싸지기를
기도하시는
내 어머니 기도 소리에는
성모마리아님 함께하시네.

2023. 07. 10.

그리움은
추억에 실려

3부

고향 정경

마을 어귀
긴 세월 묵묵히
서있는 느티나무

그루터기 쉼터에
탁주상과 소란스러운 장기판
이웃 내실 이야기 즐기며
둘러앉은 아낙네들

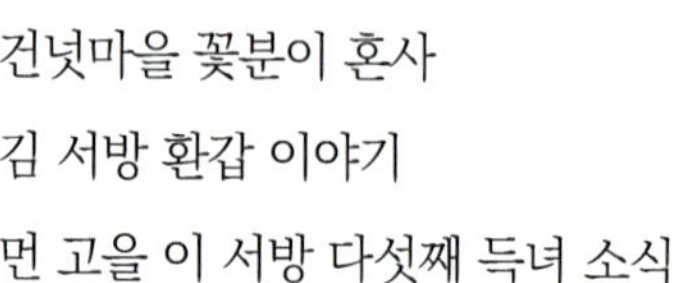

그 정경과 이야기들이
바람에 실려 가고
찾아온 바람은
이야기들을 풀어 놓는다

건넛마을 꽃분이 혼사
김 서방 환갑 이야기
먼 고을 이 서방 다섯째 득녀 소식

나무에 기대어 앉아
멀리서 꽁무니에 먼지 구름
달고 오는 시외버스를 보니
나도 타고 온다.

읍내 장터 다녀오는
순이 엄마는
휘휘 먼지 저으며 내리고

탕탕 두드리는 출발 소리에
나는 버스에 더 실려 떠나
마을 길 돌아 나가면

독 짓는 마을이 보이고
그 앞 작은 호숫가에
나룻배가 호젓이 얹혀 있어

나룻배로 옮겨 앉아
반짝이며 다가오는
물살을 시름없이 바라보니

부질없는 세속의 근심들은
일렁이는 물속으로 녹아들어
나는 선경에 들은 듯 평안하다.

2023. 07. 14.

마음 가는 길

언제가
멈출 인생
무에 그리 바쁜가요?

끝 날 받아 둔 인생
그냥 받아들여
마음 비우고 사세요.

다음 생 가늠할 수 있나요?
두려워 마세요.
이 생만 하겠어요!

뜻한 대로 되는 것 있나요?
나는 선, 악 두 마음 받았죠.
선택은 내 몫이고요.

때때로
선과 악은
상황에 따라 바뀌더라고요.

언젠가

멈출 인생

오는 그대로 받아들이세요.

2023. 07. 10.

인연

수많은 순간들이 쌓여
억겁의 생이 되어 흐르는
긴 시간 속 내 생은 찰나이며

항하사 같은 점들이 모여
만들어진 무한한 공간 속
내 삶터는 모래알보다 작을진대

나의 이 시간
나의 이 공간에서
마주친 인연이 어찌 우연일까?

서로의 끝없는 부름이 쌓이고
간절한 끌림이 이어져
인연이 만들어지고

인과 연이 소멸하여
스스로 사라지지 않도록
지극한 마음으로 붙잡고 있었기에
인연이 운명으로 변한 것이리라.

그대들의 염원으로
찰나의 순간에 지극히 작은 공간에서
서로가 운명되어 만난 것이니

오늘만 사는 하루살이나
가을을 모르는 매미처럼
짧은 생이 허무하게 끝나지 않도록
아끼고 아껴 사랑해야 하지 않겠는가?

2023. 07. 12.

탈태(奪胎)

가을빛 잠들은
서산마루에
불타는 태양 속으로 날아간
봉황이여!

제 목숨 못 이겨
뛰어든 새는
생활의 망각마저 못 얻고
역류하는 와중 속에 묻히는구나

가느다란 생명선이련만
길게 꼬리 문
인고의 세월을 흩뿌리며
산화의 아픔 속에 한 줄기 빛이 되는구나

서서히 깨어나는
새벽의 여명 앞에
찬란한 빛을 뿜어 대며 비상하는
봉황이여!

하늘을 열어

대지를 감싸소서.

잠든 세상이여!

거대한 용트림으로 포효하소서.

1975. 10.

늦은 바람

그래 늘 부족했어
그래서 채우려 노력했지

그런데 선택이 잘못되었지
바로 이거야 했는데
아귀가 안 맞는 거지

늘 때가 엇갈린 거야
내 탓인가?

예정된 길을
가도록 되었지 않나?

이젠, 나 하고 싶은 대로 할 거야.
어차피 안 맞는 퍼즐이면
내 뜻대로 시도해 봐야지 않겠어.
그래야 후회가 덜 되겠지?

2023. 07. 07.

눈물의 요정

바람이 피해 갔다오.
파문의 퍼짐을 잊으라고
깜박 별은 살며시 먼 길로
돌아갔다오.

그러나
눈물의 요정은
오늘도 우리의 숲을 지나 나에게 왔다오.

요정의 수정 눈망울 속에 남기고 간
당신이 하도 그리워

밤을 엮어 세다가
잠든 가슴에
뿌리고 간 씨앗은 싹을 이루더니
주렁주렁 영글은
포도인 양 그리움 가득 품고

바람이 피해 간
깜박 별은 살며시 먼 길을
돌아온다오.

1975. 09.

비상

오늘은
어제의 이음이다
오늘이 가면
내일이 있어

나에겐
그러나
내일이 없다

아! 어두운 오늘에
꿈마저 몸서리쳤다

1973. 05. 12.

세월

꽃이 피는 소리에는
행복이 가득한
아이들 웃음소리 있고

활짝 핀 꽃에서
사랑을 키워가는
젊은 연인들의 밀어를 보며

꽃잎 떨어지는 소리에서
손을 잡고 산책하는
노부부의 발걸음 소리 듣는다.

그리고
떨어지는 꽃잎에서 피어난
사과빛 향기가
저녁노을같이 퍼진다.

2023. 07. 20.

장미

아픔 없는 사랑이 있나요?
희생 없는 사랑이 있나요?

장미 가시도 뜻이 있을 겁니다
그 뜻을 하나씩 보겠습니다

어쩌면 꽃잎 하나하나에 희생과 아픔이 있을 수 있고
가시를 만들 수밖에 없는 사연이 있겠지요

가시에 찔리는 고통과 아픔은
인내에 대한 노력을 요구하는지도 모르겠습니다

감추고 싶었던 것은 아닙니다
너무 소중했기에 곱게 보관하고 싶었던 것입니다

많은 사연을 품고 있는 것이겠지요
그러기에 장미는 겹겹이 꽃잎을 만든 채
그토록 많은 꽃잎을 지니고 있나 봅니다.

가시가 되기까지
얼마나 많은 아픔이 있었을까요?

더러는 잎새 되고
더러는 꽃잎 되고
더러는 솜털 되고

연녹색 솜털에
힘이 실려지더니
세월을 먹으며 짙어지고
마침내 진갈색 꼿꼿한 가시가 되었지요

꽃이 곱다고
꽃줄기 잘라내어
꽃다발 만들어
님에게 받친 후
장미는 가시만 남았지요

2023. 08. 11.

추억

별이 반짝이는 것은
어둠이 별을 빛내는 것이 아니라
별이 어둠을 불렀기 때문이다.

별은 늘 반짝이고 있었다.
네가 보내온 기쁨, 슬픔, 아픔, 그리움…
이 모든 것이 별의 가슴에 쌓여
추억이란 이름 되어 빛나는 것이다

어제가 된 행복의 날과
가슴 아픈 날들의
시간들이 그리움 되어
별은 어제를 되새기며 반짝인다

어둠이 서린 때문이 아니라
어둠이 빛보다 먼저이기에
늘 네 뒤에 있으며 만들어간 삶의 조각들이
아픈 그리움으로 반짝인다

그대

하늘이 파랗다
햇살이 눈부시다

그대가 있음이다

꽃이 핀다
가슴이 향기롭다

그대가 있음이다

별이 빛난다
마음이 설렌다

그대가 있음이다

사랑이다

2023. 07. 23.

소회

황폐한 들판에 홀로 앉아있다
쓸쓸히 저물어 가는 해를 바라볼 때
눈시울이 더워 옴을 느끼고 있다.

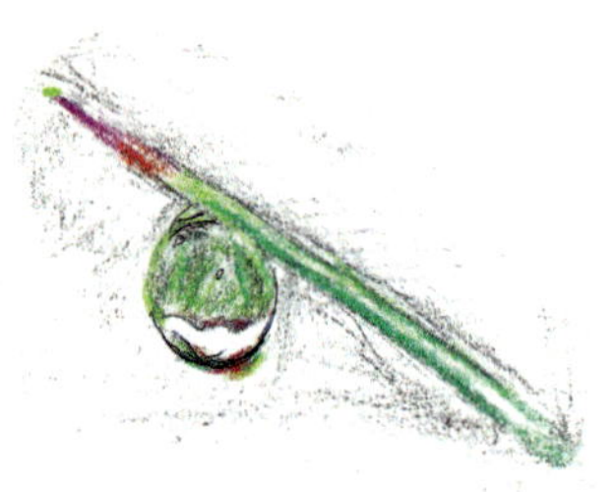

오늘 하루 이미 저물고
나의 인생은 다 가
이 밤이 마지막 밤이 되는구나.
지난날을 돌이켜 보며
나는 이 밤을 마치겠노라.

잡초만이 멋대로 자란 들판에
황량한 바람만이
더없이 애처로운 광경이다.

불그스름하게 물든 하늘에서 빛을 받으며
늦가을 저물어가는
한 생명은 힘없는 봄바람같이
거의 쓰러져 있는 잡초를
가느다랗게 뜨고 보는 눈언저리엔
하나의 주름살이 더 그어지고

두 볼을 타고 끝없이
흐르는 눈물은 소리마저 없다.

그러나
나에게도 젊음이 있었고 연인이 있었고
내일이 있었다.

죽어 간 그 어느 사람보다
패기 있는 과거였고
몸 다 바친 사랑이었고
아침 햇빛 받는 이슬 같은
밝은 희망이었다.

세월 가듯이 끝없이 솟구치는 젊음이었다.
나의 어린 시절은

1973. 06.

그리움은
자비에 실려

4부

어머니 1. 오늘

어머니
무지개가 유난히도 큽니다.
오늘은
당신의 천사가 내려오신다고요
나의 조그만 손을 꼬~옥 쥐셨죠.

어머니
무지개 따라
동쪽으로 가자면 손과 발 얼굴을
씻겨 주시던 개울을 건너야지요.
오늘은
당신의 발을 씻겨드리죠

어머니
나무 그늘에서
당신의 무릎을 베고파요
천사가 보이던 파란 하늘이
어쩌면 그리 무서운가요.

솔숲을 지나
포근한 언덕 아래 송아지 뛰노는
손가락 깨물며 보던
울고 싶은 초록빛 들판이어요.

어머니
오늘은 송아지도,
두 손으로 꼬~옥 감싸던 들판도,
구슬픔에 모두가 사라진 듯하네요.

어머니
그러나 가야지요?
당신이 보살피던 백합 핀 들판을
당신이 쉬시던 잔물결 일던 샘터를 거쳐
당신이 이루신 약속의 나라로

1975. 07. 11.

자비

흙으로 빚어져
한 숨 받은 은총으로
생긴 몸

숨 받을 때
끝 날 있음 알았으나
아득하다 여겨

오는 세월 반겼고
가는 날 아쉬움 없이
세월이 더디다며 살았네

비록 먼지로 빚어졌으나
주님 형상을 닮았으니
생령을 먼지같이 살지 말며

주님 뜻 알 수 있는
지혜도 받았으니
망령되이 살지 않아야 하리라.

오늘 내 숨 있음은
먼지같이 살아온 지난날을
뉘우치길 바라시는 자비로움이시니

하루하루
끝 날처럼 성스럽게 살아
매일의 삶이 하늘로 향해야 한다.

'사람아! 너는 먼지이니 먼지로
돌아갈 것을 생각하여라'
오늘이 그날일 수 있음을 기억하라.

2023. 07. 18.

석류: 부활의 의미 - 예수님 손에 들린 모습 묘사의 경우.
오이: 죄, 지옥 - 성모님과 연관 시 순결, 무염시태.
무염시태: 성모님도 예수님과 마찬가지로 원죄 없이 태어나심.

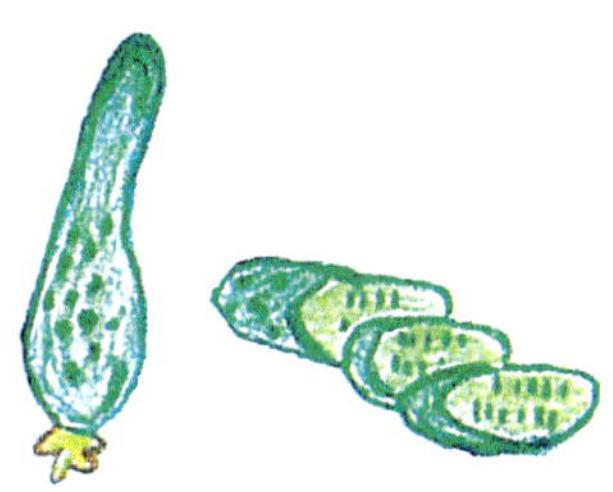

삶

삶은 뜻이 있겠지요

뜻을 찾을 여유 없이
바쁘게 살아온 삶이
한바탕 꿈같이 느껴지니
나이를 먹은 것이겠지요

어제가 더 생각되고
오늘이 짧은 것은
나이를 먹은 것이겠지요
내 마음에 별이 되었지요
사랑이 전해지는 순간을 아시나요

까치

아침에 까치가 울어
멀리 계신 님 소식 오려나
기대 가질 적에
까치는 먼 데 보며 울어 댄다

나를 보고 울길 바라는
속내 들킬까
오래 쳐다보지도 못하는데
까치는 여유로이 앉아있다

네가 운다고 님 소식 올까마는
보고픈 마음 소리 내기 부끄러워
너를 앞세운 내 마음 알아다오

이제 그만 울고
나 대신 님 계신 곳 찾아가
내 마음 전해다오

나를 잊지 마시라고
나는 늘 님 생각이
마음에서 떠나지 않는다고

2023. 08. 09.

밤(夜) 1. 夜惺

고요함은 어둠 때문일까?
어둠 속 파고드는 외로움

자취도 없는 사라짐 때문일까?
끝없는 기다림

촉촉이 스며오는 어둠을
저으며 밀쳐도
안타까이 스러지는 한 가닥 촛불

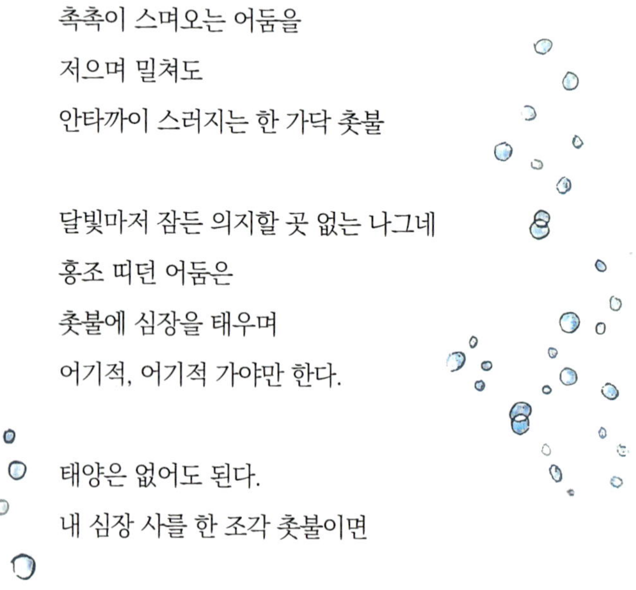

달빛마저 잠든 의지할 곳 없는 나그네
홍조 띠던 어둠은
촛불에 심장을 태우며
어기적, 어기적 가야만 한다.

태양은 없어도 된다.
내 심장 사를 한 조각 촛불이면

1974년으로 추정

(주) 시상: 人生은 기다림이다. 무수한 세월을 기다리며 무수한 세월을 보내며 기다린 정적, 삶의 정적을 찾고자 하루를 아우성 속에서 태워버린다. 수없는 人間과 맞부딪쳤건만 어둠 속에서 홀로 자기의 삶을 태워야 한다. 理解할런지?

용기

처음 사는 인생이잖아
맞닥뜨린 상황은 같지 않잖아
실수를 두려워하지 마
결과에 연연하지 마
젊으니까
최선을 다했으면 됐어

삶과 맺음

세월이 다한
먼 훗날
나 혼자 떠나야 할 때
가지고 가야 할 것을 생각해 본다

수천 년을 전해 오는
세월은 유수와 같이 빠르게 흐른다는 말이
요즈음 마음으로 절실하게 느낀다.

여름날 짧은 낮잠과 같은
세월의 덧없음을 실감한다

지나간 세월을 돌아보면
회한, 기쁨, 슬픔, 사랑, 미움,
희망, 절망, 명예, 게으름, 욕심…
특히 욕심의 보따리가 많다

짧은 생에서 참으로 많은
감정들을 섞어가며 살아가는구나.

나 홀로 떠나야 할 때
어떻게 준비를 하여 떠나야 할까?

인생은 끝이 있기에 아름답고
살아 볼 의미가 있는 것이다
끝이 없다면 얼마나 무료할 것인가?

꽃이 지지 않으면
아름다움을 느낄 수 없고
향기가 영원하면
더 이상 향기로움이 아니며

떠오르는 태양보다도
한낮의 태양보다도
석양이 더 아름다운 것은

짧고 힘든 시간이었지만
나에게서 필요로 하는 모든 것을
묵묵히 다 주면서 하루를 마치기 때문이다

끝이 있는 짧은 생이기에
아름다운 삶이었음을
홀로 떠나야 할 즈음 깨닫는다

처음 살아본 삶이니
앞날에 대한 어설픈 계획으로
부족하게 살면서 만든 많은 감정이 담긴
모든 보따리들은 훌훌 다 태워버리고

남아 있는 사람들에게
용서를 비는 보따리와
망각이 담긴 보따리를 남기고
용서와 사랑이 담긴 봇짐을
가지고 가야 한다

2023. 07. 31.

허무

어둠을 수놓은 별들이 난무할 때
빛을 쫓아 방황하는 눈동자 속엔
꺼져가는 달빛을 망각에 둔 채
초점을 잃어 간다.

멀리서 들리는 수리의 울음소리에
발가벗은 몸뚱이 가리고파
어디로, 어디로 뛰어갈까나
허공으로 산재되는 절규는
머릿발 세우며
쏟아지는 울림, 울림, 울림.

달빛 가득 보내온
눈물 속에 담근 수정
두 손에 움켜쥐고
허공 쳐다보며 먼 길 간다.

1979. 09. 24.

(주) 시상: 제대를 100여 일 앞두고 세월을 충실히 보내지 못함에 대한 소회.

자격

행복해지고 싶어?

너를 아끼고

너를 사랑해

그래야 다른 사람도

아껴주고 사랑할 수 있어

동경

구름 한 점 없는 하늘이다.

파아란 하늘을 안경을 끼고
다시 바라보니
점점 가까워져 가슴을
내리누르는 듯하여

눈을 저 멀리
하늘 끝으로 돌리니
바닷물 파도처럼
밀려와서는 내려앉아
가슴이 철석 내려앉았다.

1972. 12. 28.

(주) 시상: 투명한 하늘을 바라보다 헛된 생각 속에 하루하루를 안주하는 것에 대해 거대한 파도가 바르게 살아가라 하며 몸을 덮치는 느낌을 받은 심정을 씀.

기다림

겨울을 뚫고
새봄에 피는 꽃은
날이 가면 저절로 피는 것으로 여겼다.

무르익은 지난가을
형형색색 온몸을 한껏 치장하여
모두를 유혹하던 것이
이별의 준비인 것을 몰랐다.

끝내는 제 몸 끝자락부터 도려내더니
온몸을 다 발가벗고
살을 에는 찬 바람을 물 한 모금 없이
부대끼며 버티는 것도
제 운명이려니 했다.
무엇을 위한 인고의 시간을
저리 버티는가 생각했다.

아!
어느 날 조짐도 없이
먼 기억 속 도려낸 끝자락에
생명의 씨가 보였다.

보일 듯 안 보일 듯
아주 작은 생명을 담은
꽃망울들이
이제 때가 되었는지
새색시 같은 부끄러움 가득 품고
조심스럽게 주위를 살피기 시작했다.

이윽고 동료들을 깨워
너도나도 기지개를 켜자
순식간에 온몸으로 생명이 퍼져 갔다.
그러자 사람들에게도
따뜻한 희망이 퍼져 가기 시작했다.

그랬나 보다.
인고의 뜻은 살아있는 모든 것은
헛되이 일어나는 일이
결코 없음을 알리는 것이었다.

이별은 이별이 아니고
더 성숙해져 껍질을 깨고 나와
새로운 만남을 위한
인고의 시간이었다.

2023. 01. 11.

존재

힘내!

기죽지 마!

너는 유일한 사람이야!

60억 지구인 중에서

봄맞이

나뭇가지 끝에 찾아든 봄
여인의 눈동자 속에서 찾는다.

가지에 매인 바람
여인의 향내 싸고 감아 흩뿌린다.

미풍에 타고 온 가느다란 바람
하나둘 엮을 때
옹골져 흐르는 구슬방울

두 손으로 움켜쥐어 삼킬 때
가슴을 파헤치는 싱그러움
女心인 양 퐁퐁 솟아
터질 듯 부풀은 대지는
인간을 어루만진다.

1975. 04.

어머니 2. 외길

어머니
반딧불 희롱하니
해님은 부끄러 서산 문꼬리
살며시 잡는군요.
당신의 젖꼭지 같은
소박한 흐름이어요.

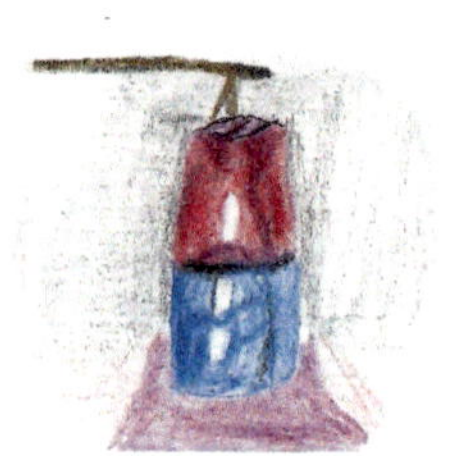

뜰 앞 쏟아지는
별들은
당신의 반짝이는 이야기에 엮어
툇마루 앉아
바람에 실어요.

어머니
그다음 직녀 아가씨는 어떻게 되었지요?
참!
무슨 일이어요?
개구리들에게!
아마 새신랑 각시인가 보죠?
어머니

그럼 초롱불 밝혀 갈까요?

어머니
해님은 밤을 모른다 하셨죠.
당신의
밤보다 까만 눈동자도 모를 거예요.

그렇지만 어머니,
난 지금 당신의 무릎 위에서
자고 있다는 걸 알지요.

1975. 07. 15.

밤(夜) 2. 夜惺

또르르 구르며 흐르는 물속에서
그대 밤의 찬란함을 보았는가.
모두 숨을 죽일 때
한낮의 작열했던
열기를 포용한 검붉게 빛나는
밤의 자태를

가련하게 누워있는 저 미천한 송장들
한 줄기의 빛으로 재를 만들어
포요 속에 삼키는
태양의 눈물

퐁퐁 솟아나는 골짜기 샘 속에서
그대는 어둠의 아찔한 아득함을 보았는가.
끝없이 이어가는 대지의 열기 위를
활개 치던
인간의 오만함

어둠은 오만이 없다오.
오만은 사랑이 아니라오.

그러나, 인간을 그는 사랑하기에
어둠은 오만을 사랑으로 품는다오.

1975. 06. 07.

(주) 시상: 이성보다 쾌락을 찾고 선을 멀리하는 것이 인간의 본성이라고 느끼던 시기의 글로, 오히려 밤이 깊을수록 새로운 내일이 점점 다가오는 것을 말하고자 했음.

호도 1

관 속은 좁아 답답하고
답답하여 어두운데
틈새로 찾아온 빛줄기에
추워 오는 떨림은
가슴부터 머리론 서릿발 서고
발끝부터 가슴으로 따숩다.
머리는 잘라 적도로 던져 놓고
발목은 잘라 북극으로 던져라

무덤을 헤쳐라!
관을 부숴라!
사지를 찢어 사방에
태워 날려라!
숨 막히는 탁한 무질서 어둠 속

멎은 심장의 특권이 좋아라.
썩은 왼손은 오다가 백로에 뺏기고
길디긴 손톱만 입에 꽂고

오른손은 바람에 날리어 가고

귀는 멀어라
한 조각 심장도 길가에 짓밟히고
아! 실랑이에 후끈대며 관 속으로
한 덩이 굳은 피만 들어간다.

1975년 4월 말~5월 초로 추정

북풍

북풍에 밀려 고달프기만 했습니다.
지난날 희열에 손짓만 해야 했고

그러나
한 생명 붙이기 위해
슬픔의 기쁨을 안아야 했습니다.

머금은 눈물 삼키며
섭리를 받잡아 끊은 정

누구를 저주치도 않고
누구를 원망치도 아니하고
오직 나만을 슬퍼해야 했습니다.

그러나
슬픔을 끊기 위해
북풍을 안아야 했습니다.

발끝을 타고 와 온몸을 감싸는
포근한 바람을

손끝으로 허공에 흩뿌리며

이제는
나의 모든 슬픔을 대지에 묻고

폭풍에 파열하는
거대한 파도의 물보라처럼
공간으로 가득, 가득 번져가는
기쁨 속으로 뛰어들었습니다.

1973.

애심

나와 같이 나를 알아주는
그녀
내 심장과 양심을 바쳐 사랑한다.
그녀라면 지옥까지 쫓으리라.

그녀라면 영원히 살아도 후회 않으리라
내 사랑 전체를
그녀가 받아주어
두 몸이 폭발되리만치 사랑하고 있다.

그러나 그녀는 내 가슴속에 있고
나를 볼 수 없고 나 또한 볼 수 없다.

이 세상 모든 걸 버리고 그녀 찾아가는
나에게서 점점 멀어져 가는 그녀
이제는 희미하게조차 안 보이니
나의 마음 애절하구나.

세상을 버리고 사막 속에 있는 나는
몸이 마를 때까지 그녀
애타게 찾고 있다.

나의 슬픔이 거의 표현되지 않고 있다.
당신에게라면 사랑을 바칠 수 있소.
당신의 사랑을 받을 수 있도록
나의 몸 불사르리다.

당신을 찾는 나의 마음은
전체의 목숨을 위해
갓난아이의 입을 막는 어머니의 심정과 같소이다.
당신을 찾아 당신에 너무 부족 되어
사랑할 수 없을지라도
곁에 있어만 준다면 나는 울고 말 것이오.

1973. 06. 05.

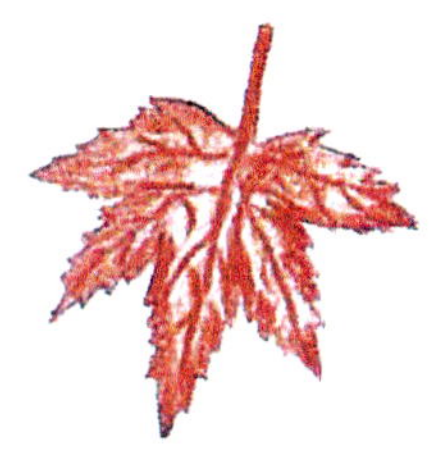

혼돈 2

태초의 자연 질서 세우는 와중의 굉음 속에
무수한 회전이 있은 후
조그만 먼지가 뭉쳐 한 실체가 조성되었다.

정교하고 복잡한 질서 갖춘
피조체는
서서히 솟아나는 자만과 고집으로
잃어가는 순수를 모른 채 서서히 마소되어
잔해가 누적되어 묻혀간다.

자학의 기쁨을
아이러니 속에 파고 들어간다.

먼 훗날
뉘우침 속에 눈물 흘리리

그러나 오늘은 내일을 먹는다.
내일을 잃은 피조체는
어둠을, 어둠을 헤집고
손길을 모두며

마지막 외침이 있다.

미완성된 나로소이다.

1978. 04. 21.

(주) 시상: 자기 분수를 모르는 삶에 반성을 갖자는 마음에서 쓴 글.

몽상

물속에 잠긴 달
수중에 쌓인 달
태백이 건졌지만,
태백이 타고 있건만

저기 저 나무에 걸린 달
저기 저 장송에 매인 달
뉘라서 떼어 올고,
뉘라서 떼어 올고

이 몸이 태백과 약속하길 어제
오늘 밤 만나여!

눈 뜨자 태백과 이 몸이었건만
태백은 가고 홀로 남아
벗 삼기로 떼어낼까

전생의 약속이 허물어졌느니
나 혼자 건진 건 반달

1973. 09. 22.